O PODER
DOS
2
TRIÂNGULOS

HEVERTON SANTOS

O PODER DOS 2 TRIÂNGULOS

Labrador

A ferramenta perfeita para a construção
de uma vida longa, próspera e feliz

© Heverton Santos, 2025
Todos os direitos desta edição reservados à Editora Labrador.

Coordenação editorial Pamela J. Oliveira
Assistência editorial Leticia Oliveira, Vanessa Nagayoshi
Capa e projeto gráfico Amanda Chagas
Diagramação Vinicius Torquato
Preparação de texto Monique Pedra
Revisão Lucas Lavisio

Dados Internacionais de Catalogação na Publicação (CIP)
Jéssica de Oliveira Molinari - CRB-8/9852

Santos, Heverton

O poder dos dois triângulos :
a ferramenta perfeita para a construção de uma
vida longa, próspera e feliz / Heverton Santos.
São Paulo : Labrador, 2025.
160 p.

ISBN 978-65-5625-833-1

1. Desenvolvimento profissional 2. Desenvolvimento pessoal
3. Finanças pessoais 4. Autoconhecimento I. Título

25-0728   CDD 158.1

Índice para catálogo sistemático:
1. Desenvolvimento profissional

Labrador

Diretor-geral Daniel Pinsky
Rua Dr. José Elias, 520, sala 1
Alto da Lapa | 05083-030 | São Paulo | SP
contato@editoralabrador.com.br | (11) 3641-7446
editoralabrador.com.br

A reprodução de qualquer parte desta obra é ilegal e configura uma apropriação indevida dos direitos intelectuais e patrimoniais do autor. A editora não é responsável pelo conteúdo deste livro. O autor conhece os fatos narrados, pelos quais é responsável, assim como se responsabiliza pelos juízos emitidos.

Dedico este livro à minha esposa, Denise,
aos meus filhos Felipe, Camila e Letícia,
à minha mãe Aparecida dos Santos e,
in memoriam, ao meu avô José Ribeiro e ao
meu pai, Ovando Camargo dos Santos.

SUMÁRIO

APRESENTAÇÃO 9

1. OS VALORES QUE CARREGO COMIGO 15
Em direção à minha carreira e à minha família 21

2. O SUCESSO ESTÁ NAS PESSOAS 27
O líder servidor 30
Uma boa equipe: um segredo importante 33

3. UMA MUDANÇA GERACIONAL
IMPORTANTE 37
O impacto das redes sociais na vida dos jovens 46
A influência do contexto mundial 48

4. CONSEQUÊNCIAS DAS CARACTERÍSTICAS
GERACIONAIS NA CARREIRA E
NA VIDA PESSOAL 51
Obsessão por ser rico 59
Dismorfia financeira 60
Saúde mental 61
Crescimento dos casos de suicídio 63

5. A FERRAMENTA DOS DOIS TRIÂNGULOS 65
Triângulo da Produtividade 68
Triângulo da Serenidade 72
Os Dois Triângulos 74
O tempo na Ferramenta dos Dois Triângulos 75

6. O TRIÂNGULO DA PRODUTIVIDADE: A FASE DO TER 81
Finanças pessoais 85
O pilar do conhecimento 97

7. O TRIÂNGULO DA SERENIDADE: A FASE DO SER 113
Sentir tranquilidade e felicidade 118
Fazer o que ama (de preferência, ajudando o próximo) 121
Corpo e mente: saúde física e mental equivalem a uma vida tranquila 125
Para uma Virada do Triângulo segura 129

CONCLUSÃO 137

FERRAMENTA DOS DOIS TRIÂNGULOS 145

AGRADECIMENTOS 149

REFERÊNCIAS 151

APRESENTAÇÃO

Durante quase trinta anos de trabalho no mundo corporativo e quase dez anos como empresário, vivi muita coisa: desafios, superações, experiências boas e ruins, momentos de realização e de frustração. Também foram anos de dedicação, aprendizado e conhecimento adquirido. No início desta trajetória, descobri que o sucesso na vida pessoal e profissional está intimamente ligado às pessoas. Afinal, sem pessoas competentes ao seu lado, é muito difícil chegar a algum lugar sozinho.

Percebi, ainda, que o conhecimento é o segundo ponto fundamental para o profissional alcançar um objetivo e crescer na carreira. Outro ponto importante é que, normalmente, empresas e pessoas remuneram colaboradores tanto pelo conhecimento quanto pela capacidade de execução. Conhecimento não vem apenas de conceitos apresentados em livros, salas de aula ou informações que recebemos intensamente das redes sociais. Ele é, sim, fruto dos conceitos, porém vividos na prática — o que a maioria chama de experiência. Experiências vividas nos acertos e nos erros, no enfrentamento dos obstáculos e na passagem do tempo (maturidade).

Lembro-me claramente do meu primeiro dia de trabalho, ainda jovem e cheio de vontade de aprender e crescer na carreira. Eu não tinha ideia do que estava por vir, dos altos e baixos que enfrentaria. Mas aprendi que, com muito trabalho duro e aprendizado contínuo, tijolinho por tijolinho, seria possível construir uma carreira, superar desafios e gerar oportunidades de crescimento.

Olhando para trás, percebo que cheguei aos sessenta anos com experiências muito ricas dentro e fora do ambiente corporativo, e com aprendizados que quero compartilhar com você neste livro. Embora o mundo tenha mudado muito e de maneira extremamente veloz, acredito que a maioria dos valores pessoais permanece a mesma: **trabalho duro e em equipe, obstinação, perseverança e paciência são pilares fundamentais para a construção de uma carreira.**

É sobre esses valores que quero conversar com você, jovem que está iniciando a carreira profissional ou que já está em um estágio mais avançado. A partir desses pilares e dessas experiências, desenvolvi a Ferramenta dos Dois Triângulos para ajudar as gerações millennial (nascidos entre 1981 e 1995) e Z (nascidos a partir de 1996). Seu conceito é simples e pode ser colocado em prática imediatamente por qualquer pessoa. Essa ferramenta foi muito importante para que eu conseguisse atravessar os momentos bons e ruins do cotidiano, e me deu a segurança necessária para pavimentar um caminho sólido rumo aos meus planos e sonhos.

O dia a dia não é fácil nem simples, mas precisamos estar preparados para os obstáculos e perseverar para encontrar nosso próprio caminho. E não só isso: precisamos estar atentos para identificar e agarrar as oportunidades quando elas surgirem. Com os pés no chão, força de vontade, resiliência e persistência, é possível transformar cada pequeno passo em uma caminhada próspera e feliz, que trará muito orgulho. Com a ferramenta que apresento aqui, tenho certeza de que você construirá uma vida de muitas conquistas e uma carreira consistente, e de que será capaz de administrar seu dinheiro com sabedoria e prudência, atingindo a tão desejada autonomia financeira no futuro.

Convido-o a me acompanhar nesta jornada, a descobrir comigo as lições que a vida e o trabalho me ensinaram e a aplicá-las ao seu próprio caminho. Juntos, vamos entender como é possível transformar desafios em oportunidades, crescer com cada experiência, ter paciência para enfrentar as frustrações e dimensionar as expectativas.

Que este livro seja um guia, uma inspiração e, acima de tudo, um companheiro na sua jornada de crescimento. Atualmente meu objetivo é viver mais momentos em estado de felicidade, e, ao encontrar felicidade por meio deste livro, você contribuirá para o meu projeto. Vamos juntos nessa?

CAPÍTULO 1

OS VALORES QUE CARREGO COMIGO

Ao longo dos meus sessenta anos de vida, tive grandes aprendizados. Mas tenho a convicção de que os valores mais importantes e fundamentais que carrego comigo vieram da família, principalmente dos meus pais e do meu avô materno. Esses valores, aliados à minha fé inabalável em Deus, sempre me guiaram na minha vida profissional e pessoal.

Tive uma infância muito feliz. Nasci e cresci no interior de São Paulo numa família estruturada, muito amorosa e que sempre prezou o trabalho. Não éramos ricos — longe disso —, mas nunca nos faltou nada. Meu pai era bancário e era transferido de agência e de cidade com certa frequência, o que fez com que eu tivesse de buscar novos relacionamentos em cada escola, me ajudando a desenvolver a capacidade de me relacionar com as pessoas. Como sempre fui muito comunicativo, essas mudanças se tornaram boas oportunidades de fazer novos colegas e conhecer novos lugares. Tenho memórias muito boas dessa fase, dos amigos, das brincadeiras e da liberdade de viver em cidades pequenas e poder andar sozinho sem medo. Naquela época, eu adorava brincar na rua de carrinho de rolimã, soltar pipa, jogar bola, jogar bolinha de gude.

Na escola, nunca fui um aluno excelente nem apaixonado pelos estudos, mas também nunca repeti de ano. Pelo contrário, se eu precisasse de uma média cinco para passar, eu tirava cinco e meio. E assim foi em toda a vida escolar. Na minha visão, eu podia não ser um aluno nota dez, mas tudo a que me propunha fazer ficava bem-feito. É algo forte na minha personalidade até hoje.

Ao longo dos meus sessenta anos de vida, tive grandes aprendizados. Mas tenho a convicção de que os valores mais importantes e fundamentais que carrego comigo vieram da família, principalmente dos meus pais e do meu avô materno. Esses valores, aliados à minha fé inabalável em Deus, sempre me guiaram na minha vida profissional e pessoal.

Com a minha mãe, Aparecida Ribeiro dos Santos, mais conhecida como dona Cidinha, aprendi muitas coisas, mas gostaria de destacar duas delas: a primeira, a gratidão. Agradecer sempre pelas conquistas, mesmo as aparentemente mais simplórias. A gratidão é uma poderosa força transformadora em nossas vidas, e acredito muito nela — falarei mais sobre isso ao longo do livro. A gratidão se expressa de muitas formas. Para a minha mãe, o modo como ela demonstrava estar grata por algo era sempre chegar aos lugares com algum presente. Se fôssemos visitar algum parente ou se fôssemos convidados para almoçar na casa de um vizinho, nunca chegávamos com as mãos abanando. Isso era impensável para ela. Então, com um gesto simples, ela agradecia à família que estava abrindo as portas da casa para nos receber. Minha mãe era muito rígida conosco em relação à forma como interagíamos com os outros, pois ela exigia da gente — de mim e de meu irmão mais novo — sermos sempre educados com todos. Algo que me marcou muito foi nunca ter apanhado na vida, exceto em duas situações em que eu não disse "obrigado". Acho que isso diz muito sobre a educação que recebi.

A segunda é a autoestima. Dona Cidinha me ensinou, também, a acreditar em mim mesmo. Ela costumava dizer para mim: "Filho, eu acredito em você. Você é capaz". Com essa frase tão marcante, aprendi a ter um senso muito forte de responsabilidade, pois eu não queria decepcioná-la. É muito bonito ter alguém que olha nos seus olhos e diz: "Eu acredito em você".

Outra fala muito comum é que eu era muito bonito, mas acredito que esse fosse só um comentário de mãe, por isso não levem a sério. A forma como ela me educou fez com que eu tivesse autoconfiança para enfrentar desafios e aprender a lutar pelo que eu queria. Isso não significava que ela passava a mão na minha cabeça, minimizando a situação. Pelo contrário, ela entendia o tamanho da questão e me dava força para eu seguir em frente e resolver determinada circunstância da melhor forma possível.

Outra pessoa muito importante foi meu pai, Ovando Camargo dos Santos. Com ele, aprendi sobre honestidade. Ele era um homem muito íntegro e me ensinou a ser honesto nas ações do dia a dia. São inúmeras as histórias que lembro e que poderia contar como exemplo, mas uma que me tocou muito aconteceu quando eu era criança. Nós estávamos voltando para casa do açougue, embaixo do sol quente, e, no meio do caminho, meu pai percebeu que tinha recebido o troco maior do que o correto. Ele não teve dúvidas: deu meia-volta para devolver o valor excedente para o caixa.

Ele também foi um exemplo como pai de família. Nunca vi meu pai pensando primeiro nele antes dos filhos e da esposa. Tudo o que ele fez nessa vida foi pensando na família.

Outro personagem absolutamente fundamental foi meu avô. Com ele, aprendi coisas que carrego até hoje. José Ribeiro, mais conhecido como vô Zé, estudou até o quarto ano do ensino primário e teve uma vida muito interessante. Nascido e criado na roça (em Floreal, interior de São Paulo), onde começou a trabalhar, quando jovem, decidiu morar na cidade (em São José do Rio Preto, ainda interior de São Paulo) e tentar uma vida melhor. A primeira coisa que ele percebeu na cidade foi que as pessoas vendiam ovos e chuchu, o que achou um absurdo, já que, na roça, isso tinha em fartura. Essa transação comercial com ovos era uma novidade para ele: na roça, as pessoas tinham suas próprias galinhas, e, caso não tivessem, era muito comum dar ovos para os vizinhos e conhecidos. Ou seja, as pessoas não compravam ovos. Ele me contava essa história com voz de espanto: "Na cidade, as pessoas compravam ovos, Heverton, acredita nisso?". Ligeiro como era, teve a ideia de comprar ovos na roça e revender na cidade, onde ficou conhecido como Zé Oveiro. O mais importante é que ele foi apresentado ao comércio, sua grande paixão e habilidade.

A partir desse momento, fez de tudo. Foi pedreiro, feirante, criador de porcos, teve fábrica de doce (Doces São José) etc. Lembro-me de, ainda criança, acompanhá-lo nesse trajeto durante as férias escolares, principalmente quando vendia laranja na feira. Eu adorava! Acordávamos de madrugada, e eu passava o dia com ele.

No começo, ele me deixava em cima do caminhão, fazendo as dúzias de laranja para entregar para as pessoas. Mais tarde — acho que eu estava com uns 14 anos —, sem saber, recebi minha primeira promoção: saí da carroceria e fui vender no chão, dando troco e atendendo os clientes. Imagine a responsabilidade que ganhei!

Mais tarde, entendi que esses momentos com meu avô foram fundamentais para me forjarem. Sempre fui comunicativo, mas esse trabalho com ele me ajudou a tornar esse meu lado, que já era forte, em algo mais profundo, pois me deu a oportunidade de lidar com todo tipo de gente. Ele era uma pessoa muito atenciosa e sempre me dava dicas e compartilhava sua forma de pensar comigo com muita simplicidade, mas muita profundidade. Por exemplo, mostrava uma escada que ele mesmo tinha feito e dizia: "Se você ganhar dinheiro no degrau de cima e gastar no degrau de baixo, você nunca vai sofrer". Simples, não? Acho que era a maneira dele de me ensinar economia.

Eu o ouvia atentamente. Já naquela época, algo me dizia que a fala de meu avô tinha sabedoria e eu precisava ouvir com atenção. Nós conversávamos muito, e eu ficava realmente grudado nele durante as férias. Inclusive, ele é um personagem muito importante na construção deste livro, pois foi a partir dos ensinamentos dele que pude desenvolver a ferramenta que vou compartilhar.

Eu me sinto com muita sorte por ter tido uma pessoa tão relevante na minha vida e tão disponível para me ensinar tanto com tanta simplicidade. Para uma criança, foram lições profundas, que levei para sempre, sobre lidar com pessoas, com dinheiro, com um negócio. Falo dele com muito orgulho, pois era um homem com baixa escolaridade, mas de muita sabedoria.

Quando morreu, aos 86 anos, meu avô deixou quatro casas que ele tinha construído com as próprias mãos — uma onde morava e três que alugava para fazer renda —, uma perua Kombi e um rancho de pescaria. E você pensa que ele estava aposentado? Imagina! Estava começando a criar porcos, acredita? Para mim, ele fez fortuna. Digo isso com tremendo orgulho, pois é surpreendente que um homem que nasceu na roça e estudou tão pouco tenha conseguido chegar aonde ele chegou. Ele persistiu e teve coragem de tomar as rédeas da própria vida de uma forma muito batalhadora, honesta e inteligente.

Muitas pessoas me ajudaram a forjar quem sou hoje, mas queria agradecer em especial a essas três: minha mãe, meu pai e meu avô, por tudo o que fizeram por mim. Sou eternamente grato a Deus por ter me colocado nessa família.

EM DIREÇÃO À MINHA CARREIRA E À MINHA FAMÍLIA

Na adolescência, vivi outras experiências importantes que me marcaram profundamente. Vou dividir com você dois episódios que me forjaram de forma significativa.

No intuito de dar o melhor à família, meu pai fez um esforço para comprar o título de um clube da elite da cidade em que morávamos na época. Isso foi bem no começo da minha adolescência, numa cidade pequena, onde o sobrenome era importante, e, no meu caso, não tinha o sobrenome de uma família rica ou de prestígio — pelo menos nos valores daquela sociedade. Foi difícil para um adolescente viver aquele processo. Porém, ao invés de ficar para baixo ou me sentir inseguro, usei essa experiência para me impulsionar a ser um exemplo de que não importa qual seu sobrenome ou quanto dinheiro você tem, mas sim quem você é.

Outro destaque na minha adolescência foi o basquete. Comecei a jogar aos treze anos, em Catanduva, e parei aos dezoito, como federado paulista jogando no Clube Paulistano, em São Paulo. Esse período de dedicação ao esporte me deu ferramentas fundamentais para o resto da vida. Quando temos essa experiência de dedicação a um esporte, aprendemos muito sobre trabalho em equipe, persistência, frustração, erro, disciplina, constância na rotina, resistência mental, gerenciamento de tempo e resiliência. Todas essas características são fundamentais para o dia a dia em uma empresa e também para a vida de um modo geral. O basquete era uma paixão. Mas, como não tenho a altura ideal para o esporte, percebi que não adiantaria insistir nesse caminho e acabei mudando de rota. Até hoje, porém, sou grato ao basquete e ao que aprendi tendo uma experiência intensa de esporte na vida.

A nova rota foi estudar para ser engenheiro químico. Ingressei na universidade em Lorena, cidade do interior de São Paulo. Naquela época, era uma faculdade ligada ao Instituto Militar de Engenharia (IME) com professores do Instituto Tecnológico de Aeronáutica (ITA). Atualmente, pertence à Universidade de São Paulo (USP).

Foram cinco anos difíceis. Ter alguns professores do ITA não é fácil, eles são muito exigentes. Mas me esforcei e consegui me formar sem repetir nenhum período. De novo: não fui um aluno nota dez, mas fui um dos poucos que se graduou dentro dos cinco anos. Na minha turma, dos 120 que entraram, menos de 20% se formaram nesse tempo. Acho que fui o último dessa lista!

Efetivamente, comecei a carreira na Monsanto do Brasil, empresa onde entrei como estagiário. Tinha tido uma pequena passagem anterior pela Johnson & Johnson, mas fiquei na Monsanto por seis anos, entre 1993 e 1997, de onde saí como gerente de produção da fábrica Santoprene.

Mudei para a Sherwin-Williams, um grupo norte-americano que fabrica tintas e materiais para pintura, onde comecei como gerente de processos e fiquei por 23 anos (de 1993 a 2016). Fiz uma carreira de sucesso, considerando que saí como vice-presidente sênior de operações da América Latina, e de muito desafio, alegria e experiências interessantes, não só aqui no Brasil, como também no México, para onde fui expatriado como CEO e onde vivi com minha família por felizes cinco anos.

Uma pergunta que sempre me fiz

Como um menino de classe média de uma cidade pequena do interior de São Paulo, com notas medianas, chegou aonde chegou, vice-presidente sênior da América Latina de uma empresa multinacional? Ou melhor: por que eu?

Não tenho uma resposta definitiva, mas algumas pistas. Uma delas reside na minha fé em Deus, que é inabalável. No amor que coloco no trabalho e dou à minha família. Tenho segurança de que, no meu caso, para chegar aonde cheguei, fora a base familiar, foram 5% de sorte e 95% de respeito e amor às pessoas que trabalhavam comigo, e foco em alcançar meus objetivos em curto e médio prazo, com a certeza de chegar lá. E, para você que está lendo, SIM, você pode chegar lá também! Não vai ser fácil nem rápido. Os caminhos são difíceis, mas, com persistência e obstinação, é possível.

Entre 2016 e 2023, decidi me tornar empresário. Ao longo desse período, comprei uma fazenda no Tocantins por oportunidade de negócios e decidi criar gado de corte. Porém, não sabia nem que vaca tinha chifre. Sem contar que a terra era bruta — toda benfeitoria teria que ser feita. Em resumo, fiz o que era preciso, aprendi muito e vendi a fazenda com um excelente resultado. No mesmo período, ajudei um amigo, dono da fábrica de tintas Maxvinil, da qual tive uma pequena participação. Lá fui igualmente feliz, o negócio cresceu, e também saí com um excelente resultado.

Já no final do meu período na Sherwin-Williams, e durante o período na Maxvinil, percebi uma mudança bastante evidente nas novas gerações, às quais tentei ajudar com algumas palestras dentro e fora da empresa. Tenho compartilhado meu conhecimento com jovens entre vinta e quarenta anos em encontros e palestras, falando sobre como ter uma vida e construir uma carreira profissional com o pé no chão.

Conversar com jovens como você, que está me lendo, é algo que gosto muito de fazer. Não só porque sempre acreditei nas pessoas como o maior ativo de uma empresa, mas também porque tenho três filhos nessa faixa etária. Enquanto escrevo este livro, Felipe tem 32 anos; Camila, 30; e Letícia, 27.

Uma das coisas mais gostosas de ter filhos é o aprendizado constante. Por isso, agradeço demais a eles essa oportunidade. É muito gratificante poder acompanhá-los em suas jornadas e compartilhar o cotidiano. Eles aprendem comigo, e eu aprendo com eles todos os dias. Meu amor por eles é infinito.

Conversar com jovens como você, que está me lendo, é algo que gosto muito de fazer. Não só porque sempre acreditei nas pessoas como o maior ativo de uma empresa, mas também porque tenho três filhos nessa faixa etária. Enquanto escrevo este livro, Felipe tem 32 anos; Camila, 30; e Letícia, 27.

CAPÍTULO 2

O SUCESSO ESTÁ NAS PESSOAS

Logo que comecei a carreira corporativa, meu principal objetivo era construir uma jornada sólida, consistente e bem-sucedida. Percebi, rapidamente, que para alcançar tal objetivo eu precisaria ser muito obstinado e paciente. Mas tinha outro elemento que notei assim que comecei a liderar pessoas, que seria fundamental para atingir essa meta: ter uma boa equipe. Ou seja, ter ao meu lado parceiros profissionais comprometidos comigo e com a empresa. Essa convicção só aumentou ao longo do tempo: a chave do sucesso está nas pessoas, seja no âmbito pessoal, seja no âmbito profissional.

Por isso, acredito que o caminho de um líder para atingir os resultados financeiros e a eficiência operacional seja por meio das pessoas, principalmente, pela capacidade de inspirar, motivar e desenvolver o time ao seu redor. Líderes eficazes reconhecem que suas equipes são o ativo mais valioso e dedicam tempo e recursos para cultivar um ambiente em que todos possam prosperar. Ou seja, para ser um verdadeiro líder, acredito no líder servidor.

O LÍDER SERVIDOR

Tive sorte de ter alguns chefes parceiros com quem aprendi muito e que estavam atentos ao meu desenvolvimento profissional. Foi na Monsanto, por exemplo, que meu chefe identificou que eu tinha uma qualidade: saber interagir com as pessoas (lembra da história da feira com meu avô?). Ele percebeu que eu gostava dessa troca, da conversa, de ouvir e de fazer perguntas. Eu ficava atento ao que as pessoas achavam ou deixavam de achar e estava disponível para ajudar. Sempre fui, além de comunicativo, muito curioso. Sempre adorei entender as coisas, saber mais, e, para isso, fazer perguntas e conversar é fundamental.

Depois de perceber que eu tinha facilidade em interagir com pessoas de diferentes níveis hierárquicos, esse chefe decidiu me trocar de setor e me colocar para cuidar do chão de fábrica. Foi um período de muitas experiências interessantes, em que adquiri hábitos importantes para a carreira, como caminhar sozinho pelo chão de fábrica — algo que fiz por toda a vida dentro da empresa, mesmo muitos anos depois, quando já era vice-presidente. "Dar essa volta" fazia com que eu pudesse me conectar com os funcionários, perceber sutilezas e detalhes que faziam a diferença no meu dia a dia. Eu também costumava perguntar de que maneira poderia contribuir parafacilitar o trabalho deles.

Quando iniciei na Monsanto, lembro que as conversas com os funcionários da fábrica nem sempre eram tranquilas. Pelo contrário, há muitas tensões dentro de uma empresa, e a tensão entre líderes e funcionários existe e pode se tornar complicada dependendo da condução do líder no momento. Eu escutava as reivindicações de todos e era sempre muito sincero e honesto. Eu não mentia e não "enrolava" a equipe, por mais difícil que fosse o diálogo. Ser sincero é muito importante, pois torna as relações mais verdadeiras e cria laços de confiança entre todos os envolvidos.

Uma vez, a equipe me pediu um aumento no tíquete-refeição, e eu sabia que não seria possível naquele momento. Expliquei a eles que não iria acontecer e o motivo. Ou seja, eu não disse coisas como: "Ah, vou falar com a diretoria para ver o que eu consigo", a fim de ganhar tempo ou deixar o assunto esfriar e morrer. Minha estratégia foi diferente: trouxe a equipe para pensar junto e formular outras possibilidades de benefício ou melhorias. E assim foi feito: entendemos que havia outra necessidade que poderia ser atendida e que eu teria condições de negociar de modo mais efetivo. Eles toparam, e deu certo para todo mundo. Ou seja, esse é um exemplo de como o líder pode conduzir determinadas situações de tal maneira que todos ganhem com sinceridade e honestidade em todo o processo.

Por isso, acredito que um bom líder é um líder servidor, conceito criado ainda na década de 1970 pelo pesquisador de gestão norte-americano Robert K. Greenleaf. O líder servidor é uma mudança importante de paradigma no mundo corporativo, pois inverte a ideia de que o líder é superior aos funcionários. O líder passa a se colocar à disposição do bem-estar dos outros e das necessidades da equipe, assim como passa a colocar a organização à frente das próprias necessidades.

> A liderança servidora é, portanto, descrita como a de um profissional que é capaz de abrir mão das suas necessidades e demandas para garantir que o grupo seja atendido. Em vez de manter o foco direcionado para o acúmulo e exercício do poder, como acontece em algumas lideranças mais tradicionais, o líder servidor é aquele que é capaz de distribuir o poder entre o grupo e atuar como um suporte para os colaboradores. Dessa forma, ele dá autonomia para que o time atue e realize as atividades, se mantendo à dis-

posição como um suporte, mentor, esclarecedor, facilitador. Sempre que os colaboradores precisarem de apoio, ajuda ou quiserem solicitar melhorias, o líder servidor entra como o agente catalisador, capaz de atuar e conectar soluções em prol do time e da melhoria da qualidade de vida e do bem-estar dos colaboradores no ambiente de trabalho, que muito é afetado por como essa relação se desenvolverá.[1]

Essa forma de liderar no dia a dia é algo que sempre exerci e em que acreditei. Acho que é uma maneira de sermos líderes sem nos tornarmos arrogantes — algo muito comum no ambiente corporativo em hierarquias mais altas, já que o executivo vai ganhando confiança e confunde confiança com arrogância. Acredito que a arrogância seja surda. Quando nos tornamos surdos, não escutamos o outro e perdemos a capacidade de aprender e, se não estivermos abertos ao aprendizado, podemos nos sentir donos da verdade. E isso não é vantajoso para ninguém: nem para líderes, nem para funcionários, nem para a empresa.

Não vou mentir, já tive momentos de arrogância ao longo da carreira. Porém, logo percebi que não valem a pena, pois ser humilde e ser curioso são duas das características mais importantes de um bom profissional. Estar aberto ao conhecimento e ao aprendizado é o que nos leva na direção de uma carreira bem-sucedida e com ganhos maiores. Por isso, aprendi a oferecer escuta e sempre acreditei que meu time fosse uma família para mim. Sempre cuidei da minha equipe como extensões da minha família e tive amor por ela.

Outro elemento que se destaca quando se fala em liderança servidora é o amor. E aqui não estamos falando de amor romântico, como se lê em livros e se vê em filmes, mas sim do amor como um [conjunto de] ações relacionadas à bondade, perdão, respeito e compromisso com o outro. Dessa forma, o amor chega até a liderança servidora como uma forma de mostrar que o líder deve ser capaz de estabelecer um compromisso com os colaboradores, estando sempre à disposição para atender às demandas do time. Além disso, ele deve estabelecer uma relação de respeito com o time, deixando que eles testem novas possibilidades e corrigindo erros, caso eles aconteçam.[1]

Foram anos trabalhando com muitas pessoas e equipes diferentes, e, com o espírito do líder servidor e da crença nas pessoas, consegui conquistar meu sonho de adolescente: construir uma carreira sólida e bem-sucedida. Analisando hoje, não tenho dúvidas de que fui muito mais empurrado para cima pela minha equipe do que puxado por algum chefe. Acredito que foi um processo em que todos ganharam: eu, as pessoas que trabalharam comigo e a empresa. E essa sensação de ganha-ganha é a melhor que se pode ter.

UMA BOA EQUIPE: UM SEGREDO IMPORTANTE

A construção de uma equipe forte começa na contratação de bons profissionais. Primeiro, porque contratar bem, ou seja, acertar na escolha das pessoas que comporiam meu time, me ajudaria no dia a dia, numa entrega mais qualificada como equipe. Segundo, porque esse "match" entre funcionário e empresa aumenta a autoestima do funcionário, que se sente feliz e contemplado naquela posição. E, em terceiro lugar, ganha a empresa, que vai conquistar os resultados e metas almejadas. Ou seja, todos ganham. Porém, no processo inverso, todos perdem: o líder perde pontos do "pote de credibilidade" que têm com as pessoas e com a empresa de um modo geral;

a empresa perde tempo e dinheiro; e perde o funcionário, que, além de ser demitido, passa por um processo doloroso que pode abalar sua autoestima.

Essa percepção de que a chave do sucesso está nas pessoas foi tão forte para mim que comecei a estudar formas de aprimorar as contratações, um aprendizado que foi constante na minha vida corporativa. Eu me perguntava: "Como posso analisar um candidato durante a entrevista de emprego de modo mais preciso? Como saber se determinada pessoa vai se encaixar bem no time que já existe?". Teve uma época em que fiz um curso com um detetive da polícia sobre um método de investigação para identificar possíveis mentiras no processo. Pode parecer estranho, mas essa mistura de técnicas com intuição deu bastante certo por um período longo. Não só no Brasil, mas também no México.

Uma das técnicas que mais desenvolvi no processo de contratação foi a entrevista: conversar de forma ativa com a pessoa que estava na minha frente, tentando saber o máximo da personalidade dela. Naquela época, numa entrevista normal, eu não focava só aspectos técnicos. Claro que era importante saber se o profissional estava apto para determinada função — tecnicamente falando —, mas, na maioria dos casos, é possível ensinar e aprender aspectos técnicos no dia a dia. Porém, não é possível mudar a personalidade de alguém. Por isso, eu estava mais interessado em entender o perfil da pessoa e seu histórico de vida — não só para saber se nós conseguiríamos construir uma parceria, mas também se ela se adaptaria à equipe já existente.

Portanto, nas entrevistas, reservava a maior parte do tempo para perguntar sobre a vida da pessoa: sobre família, filhos, infância, amigos. A pergunta sobre a infância era importante, pois me ajudava a entender possíveis fragilidades e vulnerabilidades. Dessa forma, eu conseguia ter um desenho de como era a pessoa: mais tímida ou mais extrovertida; mais formal ou informal; mais séria ou mais engraçada; mais apaziguadora ou mais briguenta. Também queria entender, mais profundamente, se aquela pessoa estaria realmente disponível a aprender, uma característica que considero fundamental em qualquer profissional.

Além das entrevistas, eu me apoiava em testes de perfil como o eneagrama, uma avaliação psicológica que busca identificar a personalidade de um indivíduo, categorizando-o em um dos nove tipos distintos, cada um refletindo um conjunto único de motivações, medos e desejos, permitindo uma compreensão mais profunda da pessoa e de suas dinâmicas interpessoais. Também usava o teste MBTI, ou Myers-Briggs Type Indicator, uma ferramenta de avaliação de personalidade que classifica os indivíduos em um dos dezesseis tipos distintos. O teste baseia-se nas teorias de Carl Jung e busca ajudar as pessoas a entender suas diferenças individuais e como essas diferenças afetam suas relações, especialmente no trabalho.

Mesmo no México, cuja cultura é bastante diferente da nossa, compus uma equipe ótima. Ouso dizer que foi uma das melhores equipes que tive na Sherwin-Williams — e olha que foram várias! Consegui reduzir bastante a troca de funcionários depois de entender como eles trabalhavam e, principalmente, as sutilezas da cultura mexicana. Transpor essa barreira não foi algo simples nem rápido, foram quase dois anos de residência mexicana para entender as diferenças culturais e encontrar técnicas para reduzir essa distância. Quando consegui, tive uma equipe superparceira, com alto índice de performance e muito organizada.

Até o início dos anos 2010, eu era muito assertivo nas contratações. Os profissionais se encaixavam bem na cultura da empresa e na equipe, e tudo fluía de forma tranquila. Porém, quando voltei do México, mais precisamente em 2010, algo estranho começou a ocorrer. Comecei a notar que minhas contratações não estavam dando certo. Eu contratava e, em pouco tempo, começava a ter problemas sérios com o profissional recém-contratado. E não foram poucas as vezes em que tive que recorrer à demissão, com muita tristeza.

Eu contratava as pessoas na mesma dinâmica de entrevista, mas algo estava diferente. Eu estava errando a mão das contratações. E errando feio! Se antes eu acertava nove em cada dez contratações, passei a errar nove em cada dez. Esse momento foi tão impactante para mim que decidi buscar entender o que estava acontecendo, e entendi. Havia uma mudança geracional em curso: eu estava contratando funcionários da geração millennial (também conhecida como geração Y), jovens nascidos em 1981 e 1995.

É sobre essa mudança geracional que quero conversar com você no próximo capítulo.

CAPÍTULO 3

UMA MUDANÇA GERACIONAL IMPORTANTE

No início dos anos 2010, comecei a errar a mão na contratação de novas pessoas para minha equipe por conta de uma mudança geracional em curso: os millennials estavam chegando ao mercado de trabalho. Depois de muitos estudos, consegui entender essas mudanças, repensei minha forma de contratar funcionários e voltei a ter bons índices de acerto.

Para escrever este livro, aprofundei meus estudos e observações sobre os jovens e entendi que, enquanto escrevo, além dos millennials, há outra geração que também está no mercado de trabalho: a Z, uma geração muito semelhante à dos millennials. Por isso, quero conversar com você sobre as mudanças que essas gerações, millennial e Z, trouxeram. As duas juntas representam cerca de 75% da força de trabalho do mundo.[2]

Mas, para isso, preciso voltar no tempo e explicar um pouco das gerações anteriores, principalmente da minha, os baby boomers. Para você entender melhor, veja a seguir a tabela com as datas de nascimento por geração:

GERAÇÃO	NASCIMENTO
baby boomers	de 1946 a 1964
X	de 1965 a 1980
Y ou millennials	de 1981 a 1995
Z	a partir de 1995

Cada geração tem suas próprias características. A minha, por exemplo, cresceu durante um período de otimismo, marcado pela reconstrução do mundo após ter passado pela Segunda Guerra Mundial, que acabou em 1945, e pelo retorno à paz. No Brasil, esse sentimento também estava presente, porém nós sempre tivemos que lidar com questões próprias de nosso país.

Como sociedade, passamos por muitas crises econômicas, recessões e inflação alta. Por mais que eu tenha crescido em uma família estruturada, esse contexto externo interfere na minha formação (não só na minha, mas na de todos nós). Para você ter uma ideia, entre os anos 1960 e a criação do Plano Real, em 1994, o Brasil teve oito moedas diferentes.[3] Enquanto eu fazia faculdade, na década de 1980, o Brasil estava num momento de hiperinflação, aumento da dívida pública e interrupção do crescimento. A década de 1980 foi tão ruim para o país que nós a chamamos, até hoje, de "a década perdida".[4] A hiperinflação brasileira chegou a acumular quase 2.000% no final desse período.[5]

Claro que, anos depois, tudo mudou com o Plano Real, que conseguiu reduzir drasticamente a inflação. Ainda com pouco tempo de implementado, em junho de 1994, a inflação chegou a 46,58% ao mês e continuou caindo, atingindo 1,5%

em 1998.⁶ O fato de o Plano Real ter sido bem-sucedido é uma vitória enorme para todos os brasileiros e permitiu que as famílias tivessem aumentos reais de renda, especialmente nas classes mais baixas.

Pensando nesse contexto em que nós, baby boomers, crescemos, não surpreende que sejamos uma geração conhecida por sua dedicação ao trabalho e pela busca de estabilidade financeira. Somos conhecidos também por sermos mais leais às empresas em que trabalhamos, muitas vezes permanecendo por longos períodos nas mesmas organizações, o que permitiu que muitos de nós alcançássemos cargos elevados. Eu mesmo me encaixo nesse perfil. Tudo o que eu queria, durante a faculdade, era encontrar um trabalho que me desse uma boa remuneração e estabilidade. Ou seja, a frase que resume a forma como minha geração foi criada, na minha opinião, é: "Se você trabalhar muito, respeitar a empresa e estudar, terá uma vida confortável na sua aposentadoria".

Essa vontade de uma vida estável se tornou uma espécie de ética de trabalho que também reverberou na vida pessoal, com a valorização dos laços familiares e um compromisso em proporcionar melhores condições de vida para nossos filhos, refletindo um desejo de segurança e bem-estar.

Compartilhar esse contexto da minha geração é importante para mostrar que o cenário econômico no Brasil entre minha infância e juventude foi totalmente diferente do cenário de hoje e do cenário no qual meus filhos e os millennials cresceram. Meu filho mais velho, nascido em 1992, por exemplo, já não se recorda da hiperinflação e do desespero que era ir ao supermercado e ver os preços aumentarem todos os dias. Até mais de uma vez ao dia.

Ou seja, nós, pais e mães da geração baby boomers e também da geração X, prezamos pela estabilidade em nossos empregos e em nossos lares. E nós fizemos questão de oferecer essa estabilidade e tranquilidade aos nossos filhos (é claro que, no contexto brasileiro de tantas desigualdades, infelizmente, nem toda criança tem um lar como eu e minha esposa pudemos proporcionar aos nossos filhos).

Além disso, o Plano Real promoveu estabilidade e proporcionou tranquilidade para fazermos planejamentos de médio e longo prazo: o dinheiro começou a "sobrar", fazendo com que as famílias pudessem decidir onde investir de forma diferente e nova. E o que nós, como pais e mães, decidimos fazer? Investir na educação dos filhos mais efetivamente. Entendemos que uma boa educação (de melhor qualidade e por mais tempo) faria com que eles fossem ainda mais bem-sucedidos que nós e que pudessem ter mais poder de escolha no futuro.

Há, inclusive, uma pesquisa norte-americana que demonstra como os millennials possuem mais anos de educação formal do que outras gerações:

> Os Millennials também são mais bem educados do que aqueles de gerações anteriores. A figura a seguir mostra as taxas de matrícula na faculdade entre jovens em 1977, 1994 e 2009, representando a matrícula entre Boomers, Gen Xers e Millennials, respectivamente. Como mostra a imagem, a taxa de matrícula na faculdade entre os Millennials em todos os grupos etários é maior do que a taxa para qualquer uma das gerações mais velhas. As taxas de conclusão também estão aumentando, com 39,4% daqueles que começaram em uma instituição de quatro anos em 2007 se formando em quatro anos, e 59,4% se formando em seis anos.[7]

PRESENÇA UNIVERSITÁRIA POR GERAÇÃO

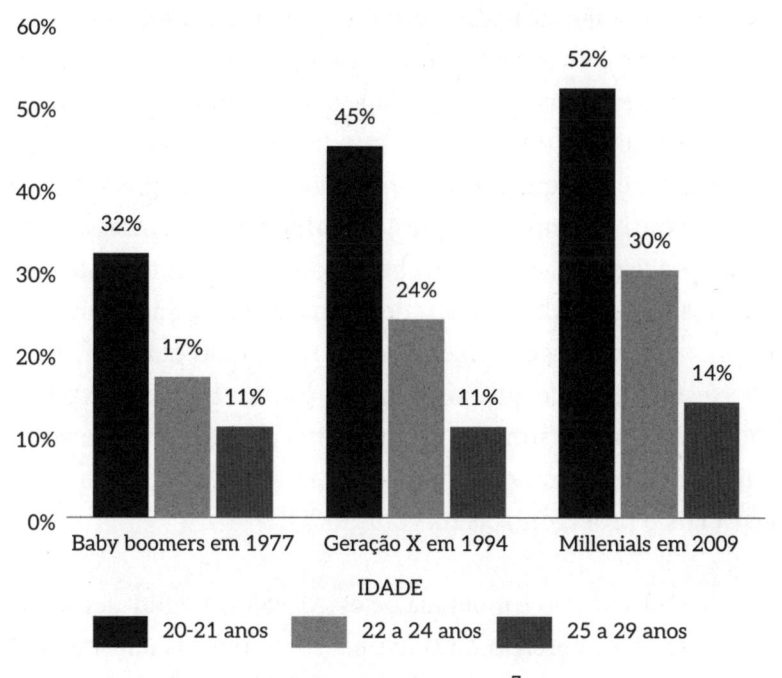

Geração	20-21 anos	22 a 24 anos	25 a 29 anos
Baby boomers em 1977	32%	17%	11%
Geração X em 1994	45%	24%	11%
Millenials em 2009	52%	30%	14%

Fonte: Buckley et al., 2015.[7]

Eu e minha esposa pudemos oferecer aos nossos filhos um lar protegido e estável. Esse foi um projeto que construímos juntos e que sempre nos foi muito caro. Educamos nossos filhos dentro de uma perspectiva mais tranquila em relação àquela na qual a nossa geração cresceu. E não só isso. Também investimos em uma educação de maior qualidade para eles e a priorizamos. O que nós, como pais, fizemos, muitos outros pais também fizeram. Nós pudemos oferecer a eles um conjunto de ferramentas educacionais que foi algo novo em comparação às gerações anteriores.

Esse contexto de uma melhor educação, somado à ilusão das mídias sociais, provocou um fenômeno bastante presente na vida dessas gerações: uma sensação de serem especiais, assim como uma expectativa muito alta sobre si mesmos e sobre a vida que eles teriam.[8] Uma sensação de que as coisas aconteceriam conforme o planejado e com garantia de ascensão constante. Ou seja, a certeza de que entrariam na faculdade que escolhessem, trabalhariam em empresas muito legais e rapidamente subiriam de cargo.

Mas sabemos que a vida não é assim. Além de precisarmos investir muito tempo, energia e trabalho para as coisas darem certo, precisamos contar, também, com os contextos externos que nos trazem dificuldades, desafios e reveses. São muitos os imprevistos que ocorrem e modificam o plano que foi feito.

Neste artigo, de que gosto muito, o autor traz essa explicação de uma forma simples, criando uma personagem chamada Ana para simbolizar os Gypsys (sigla em inglês para "yuppies" especiais e protagonistas da geração Y):

> Outra ilusão é montada pelos GYPSYs quando eles adentram o mercado de trabalho. Enquanto os pais da Ana acreditavam que muitos anos de trabalho duro eventualmente lhes renderiam uma grande carreira, Ana acredita que uma grande carreira é um destino óbvio e natural para alguém tão excepcional como ela, e para ela é só questão de tempo e escolher qual caminho seguir. (...) Paul Harvey, um professor da Universidade de New Hampshire, nos Estados Unidos, e expert em GYPSYs, fez uma pesquisa em que concluiu que a geração Y tem "expectativas fora da realidade e uma grande resistência em aceitar críticas negativas" e "uma visão inflada sobre si mesma". Ele diz que "uma grande fonte de frustrações de pessoas com forte senso de grandeza são as expectativas não alcançadas. Elas geralmente se sentem merecedoras de respeito e recompensa que não estão de acordo com seus níveis de habilidade e esforço, e talvez não obtenham o nível de respeito e recompensa que estão esperando".[9]

Essa desproporção entre expectativa e realidade geralmente complica a vida desses jovens. "Se estudei tanto e estou tão preparado, por que não consigo o que quero?" Quando a expectativa é muito alta, afastada da realidade, causa uma frustração grande. Porque o nível de expectativa é diretamente proporcional ao nível de frustração.

EXPECTATIVA > REALIDADE = FRUSTRAÇÃO

A frustração, por sua vez, é inversamente proporcional à felicidade. Sendo assim, quando passamos por menos frustrações, somos mais felizes. Então, o que é preciso para ser feliz? É preciso nivelar suas expectativas dentro da sua realidade.

REALIDADE > EXPECTATIVA = FELICIDADE

É a história que sempre conto. Simples, mas dá a dimensão de o que uma expectativa muito alta pode causar em qualquer um de nós. Eu estava dirigindo e com fome, parei em um restaurante na beira da estrada sem expectativa nenhuma e simplesmente comi o melhor bife à parmegiana de minha vida e ainda paguei barato.

REALIDADE > EXPECTATIVA = FELICIDADE

Depois de um tempo, encontrei um amigo e disse que ele tinha de comer aquele bife à parmegiana porque era o melhor que eu já havia comido, era um sonho dos deuses e não era caro. Nesse caso, os elogios que fiz à comida aumentaram substancialmente a expectativa desse amigo sobre o prato. Então, quando finalmente experimentou o bife à parmegiana que eu havia indicado, ele pensou: "É bom, mas não sei se é lá essas coisas".

EXPECTATIVA > REALIDADE = FRUSTRAÇÃO

Eu mesmo repeti com meus filhos essa atitude que tive em relação ao bife à parmegiana. Eu os eduquei dizendo a eles o quanto são especiais e importantes. É lógico que são! Mas percebi que essa forma de os criar elevou sua expectativa sobre o futuro a um nível que nem sempre condisse com a realidade — quase nunca condiz. Ou seja, há uma desproporção entre expectativa e realidade que é uma marca importante dessas gerações mais jovens.

O IMPACTO DAS REDES SOCIAIS NA VIDA DOS JOVENS

Outra característica muito importante para as gerações Y e Z é que cresceram com internet e redes sociais. Os millennials, por exemplo, são a primeira geração a interagir com a internet ainda criança. A geração Z, a partir de 1995, já nasceu com acesso à internet — é exatamente em 1995 que se inicia, no Brasil, a oferta da internet comercial.[10] Além de a tecnologia ter sido incorporada em suas rotinas logo cedo, eles encontram um mundo em constante transformação, cheio de complexidades políticas, crise ambiental e de uma perspectiva de maior longevidade — hoje, tem sido comum acompanharmos pessoas que estão chegando aos 100 anos.

Agora, quero me aprofundar em dois tópicos que considero muito importantes para entendermos a interferência que a vida dos millennials e da geração Z sofre: as redes sociais e o contexto mundial.

As comparações entre a vida real e a vida nas redes sociais têm se tornado um tema recorrente nas discussões sobre bem-estar emocional e saúde mental das pessoas. Em um mundo onde as plataformas digitais dominam a comunicação e a interação social, é fácil se perder em um mar de imagens que são cuidadosamente selecionadas e editadas para aparentar uma vida perfeita. Em redes sociais como Instagram, TikTok e YouTube, são inúmeros os exemplos de influenciadores digitais que ascenderam rapidamente e conquistaram uma vida rica, com muitos símbolos de luxo e riqueza que transbordam pelas postagens em busca de cliques, corações e comentários.

Mas, na maioria das vezes, essas vidas que estão nas fotos e nos vídeos não refletem a realidade. É uma disparidade criada de propósito e que gera uma série de consequências negativas para a autoestima e a percepção de felicidade das pessoas. Alguns exemplos: fotos com excesso de filtros tentando mostrar uma imagem que não é real. Dificilmente você vai ver, por exemplo, uma pessoa postando sobre sua crise de cólica nos rins.

Primeiramente, é importante entender que as redes sociais tendem a apresentar uma versão idealizada da vida. As pessoas compartilham seus melhores momentos, conquistas e experiências, criando uma narrativa que pode parecer inatingível para quem observa — até porque apenas alguns poucos momentos são postados, e não tudo o que acontece, de fato, na vida. Essa exposição constante a vidas aparentemente perfeitas pode levar a sentimentos de inadequação e insatisfação. Quando nos comparamos com essas representações, é comum que surjam pensamentos como "por que minha vida não é tão emocionante?" ou "o que estou fazendo de errado?". Essas reflexões podem minar a autoconfiança e gerar uma comparação prejudicial.

Além disso, a busca por validação nas redes sociais pode intensificar essa problemática. A quantidade de curtidas e comentários positivos pode se tornar uma medida de valor pessoal, levando a uma dependência emocional das reações dos outros. Essa necessidade de aprovação pode provocar ansiedade e estresse, especialmente quando as interações não correspondem às expectativas. O resultado é um estado constante de comparação, que pode afastar as pessoas da sua própria realidade.

Outro aspecto a ser considerado é o impacto nas relações interpessoais. A comparação social pode criar um ambiente de competição, em que as amizades são testadas pela necessidade de se mostrar superior ou mais feliz. Isso pode levar ao isolamento, pois as pessoas podem se sentir incapazes de compartilhar suas dificuldades e vulnerabilidades, temendo o julgamento ou a comparação.

Gosto muito dessa reflexão sobre o impacto das redes sociais nas vidas dos jovens. Então, vou retomar a personagem Ana para aprofundá-la:

> As redes sociais criam um mundo para a Ana onde: A) tudo o que as outras pessoas estão fazendo é público e visível a todos, B) a maioria das pessoas expõe uma versão maquiada e melhorada de si mesmo e de sua realidade e C) as pessoas que expõem mais suas carreiras (ou relacionamentos) são as pessoas que estão indo melhor, enquanto as pessoas que estão tendo dificuldades tendem a não expor sua situação. Isso faz Ana achar, erroneamente, que todas as outras pessoas estão indo super bem em suas vidas, só piorando seu tormento.[9]

A INFLUÊNCIA DO CONTEXTO MUNDIAL

O contexto de mundo com o qual os millennials e a geração Z se deparam também é um fator relevante. É complexo e bastante desafiador, pois envolve crises profundas que afetam o mercado de trabalho.

Por exemplo, a crise do mercado imobiliário, que começou nos Estados Unidos em 2008 e se alastrou por todo o mundo, sendo considerada a pior crise desde a Grande Depressão de 1929, interferiu no início de carreira dos jovens que estavam começando sua vida profissional no fim dos anos 2010. No Brasil, tivemos um período de pouco ou nenhum crescimento econômico entre 2015 e 2020. E, para tornar tudo ainda mais complicado, enfrentamos uma pandemia.

> "Seus pais lhes disseram que seriam bem-sucedidos, eles tiveram amplo acesso à educação, em comparação com gerações anteriores, e havia um grande senso de conexão e de causar impacto." Mas essa geração se deparou com grandes recessões, como a que se arrastou pelo mundo após a crise financeira de 2008 a 2009 e, no Brasil, com o período de contração econômica iniciado em 2014 e agora agravado pela pandemia. "De muitas formas, os millennials estavam posicionados a serem muito bem-sucedidos — ou pelo menos foi o que disseram a eles. E a realidade é que muitos millennials se chocaram com algum tipo de grande recessão, com demissões em massa, inflação, estagnação salarial, aumento no custo de vida", prossegue Dorsey. (...) Para completar, os millennials se deparam com uma insegurança profissional mais acentuada do que a sentida pela geração de seus pais, de modo geral. Ajustes fiscais, flexibilização de regras trabalhistas, competitividade no mercado de trabalho e o avanço da economia compartilhada — com seus benefícios e problemas — são algumas das circunstâncias que fazem com que os millennials tenham uma vida profissional às vezes mais flexível e aberta à criatividade; às vezes, mais incerta e precarizada. (...) Por conta desse contexto,

"pesquisas internacionais apontam que os millenials são mais propensos a ter dívidas do que seus antepassados e levam mais tempo, em média, para sair da casa dos pais ou para atingir marcos tradicionais da vida adulta, como comprar um imóvel ou carro próprio".[8]

A conjunção de fatores:
- » ter mais anos de educação formal do que os pais, já que esses pais fizeram questão de investir em seus filhos pensando em um futuro profissional bem-sucedido;
- » terem sido mais protegidos quando crianças, por conta da estabilidade financeira experimentada pelos pais, e terem ouvido que eram especiais e que poderiam conquistar tudo o que quisessem quando crescessem;
- » serem os primeiros a conviver com computadores, celulares, internet e redes sociais;
- » serem impactados por um contexto mundial de complexidades e pandemia;

faz com que os nativos dessas gerações tenham comportamentos muito distintos, trazendo novos desafios para a sociedade, empresas e lideranças. No próximo capítulo, compartilho algumas percepções sobre as consequências desses fatores na vida profissional e pessoal dos jovens e adultos que fazem parte dessas duas gerações.

CAPÍTULO 4

CONSEQUÊNCIAS DAS CARACTERÍSTICAS GERACIONAIS NA CARREIRA E NA VIDA PESSOAL

Uma coisa é
a informação
que os jovens
possuem; outra é
o conhecimento
— a informação
aplicada na
prática, a
experiência de
quem tornou
palpável
a teoria.

É importante entender que a criação familiar combinada a redes sociais e a um mundo cada vez mais complexo tem um impacto enorme na vida dos millennials e da geração Z. Ao longo dos meus anos no ambiente corporativo, comecei a perceber que esse impacto tinha consequências profundas no dia a dia desses jovens. Uma delas era confundir informação com conhecimento.

Eu notava que os jovens, principalmente nos momentos de entrevista, eram muito articulados e tinham um repertório muito bom para a idade deles. Porém, isso não necessariamente se configurava em experiência prática, ou seja, conhecimento. Para mim, conhecimento é a informação vivida na prática. Por conta disso, vivi algumas situações novas. Por exemplo, eu contratava jovens me baseando nas entrevistas e no que eles diziam saber. Alguns desenvolviam o assunto com bastante profundidade, mas só na teoria. E, no dia a dia, aquele jovem profissional não entregava o que dizia saber.

Lembro-me muito bem de um episódio que vivi com um jovem, na época com 32 anos, que contratei em 2017 para um cargo de liderança: gerente de logística. Durante a entrevista, ele me causou uma ótima impressão. Ele sabia fazer um cálculo de movimento da empilhadeira específico de logística que eu mesmo só aprendi muito mais velho, quando já era diretor. Achei ótimo! Teria alguém supercapacitado e jovem para assumir o posto.

Estava animado e positivamente surpreso em saber que os mais jovens estavam aprendendo coisas importantes para a vida profissional de forma mais rápida que a minha geração. Esse cálculo, por exemplo, é importante dentro de um centro logístico. A partir dele, é possível traçar rotas para que a empilhadeira faça caminhos mais inteligentes dentro do armazém e, dessa forma, economizar tempo, combustível e dinheiro.

Infelizmente, minha felicidade durou pouco. Assim que ele começou a trabalhar, percebi, rapidamente, que, na verdade, ele não sabia fazer o cálculo — tampouco teve jogo de cintura para pedir ajuda para alguém e aprender rapidamente. Ele soube falar conceitualmente do cálculo na entrevista para a vaga. Mas, na prática, ele nunca o tinha feito e não sabia aplicá-lo. Resultado? Tive que demiti-lo poucos meses depois, após um grande estresse para mim e para toda a equipe.

Mas esse episódio foi um aprendizado imenso. Foi nesse momento que percebi que a geração dos millennials tem muito acesso à informação. Ou seja, mesmo jovens com vinte e poucos anos podem ter acesso a saberes e informações específicas, complexas e sofisticadas que a minha geração demoraria muito mais tempo para aprender. Além disso, no momento da entrevista, eles causam uma ótima impressão, pois falam muito bem e articulam de forma interessante assuntos diversos — claro que não são todos, mas, na experiência que tive contratando pessoas, essas características estavam presentes na maioria.

Quando começa o dia a dia de trabalho, a coisa muda de figura. E foi então que percebi que uma coisa é falar sobre determinado assunto, outra é ter experiência e prática. Ou seja, uma coisa é a informação que os jovens possuem; outra é o conhecimento — a informação aplicada na prática, a experiência de quem tornou palpável a teoria.

É claro que o jovem gerente poderia pedir ajuda ao Google ou ao colega do lado. Mas nem sempre isso dá certo. Nesse caso específico, não deu. É uma geração que se sente mais preparada e, em alguns casos, se torna arrogante ao perceber que o que eles possuem, em muitos momentos, é informação que ainda não se transformou em conhecimento.

Então, bingo: aí estava o motivo pelo qual comecei a errar nas contratações. Entendi que, quando conversava com algum entrevistado, ele discutia o assunto com certa profundidade, mas aquela conversa não provinha de um conhecimento que ele tinha de alguma experiência vivida. Aquela conversa era informação. Uma confusão muito comum entre os jovens millennials e geração Z: dizer que algo é conhecimento quando, na verdade, é informação. Vamos falar mais disso no próximo capítulo.

Outra questão que passei a notar nos jovens profissionais foi uma ansiedade e uma expectativa enormes por reconhecimento no ambiente de trabalho e crescimento rápido na hierarquia da empresa — uma expectativa altíssima para o ritmo de uma empresa, principalmente de uma multinacional centenária como a Sherwin-Williams. Consequência? Frustração constante e vontade de trocar de emprego por não se sentir reconhecido ou não ter sido promovido no prazo imaginado ou considerado adequado. Ou seja, o jovem profissional se sentia injustiçado, culpabilizava a empresa e logo mudava de emprego.

Uma experiência que me marcou bastante ocorreu com uma engenheira recém-formada, que tinha cerca de 24 anos quando eu era diretor industrial. Como estava sempre perto dos funcionários, eu a encontrava com frequência, e, quando isso acontecia, ela aproveitava para me perguntar sobre promoção e aumento de salário. Ela queria ascender rapidamente, e eu achava que ela tinha muito potencial. Em cerca de oito meses, ela foi promovida, e achei que as coisas iriam se acalmar. Eu tinha conversado muito com ela, explicando que ela estava fazendo a diferença e que seria ótimo se tivesse paciência, pois, com o tempo, iria receber outras promoções e chegaria a um cargo alto de liderança. Mas, mesmo com o meu apoio e com a promoção rápida que ganhou, ela não se contentou e não prestou atenção em nada do que orientei. Recebeu uma oferta de trabalho um pouco depois e decidiu ir embora. O aumento salarial com a troca de emprego não era significativo, e a nova empresa era de menor porte. Passados alguns meses, ela se arrependeu e quis voltar. Mas esse retorno já não era possível, pois a vaga tinha sido preenchida.

Por conta dessa ânsia, é muito comum essas gerações trocarem de trabalho de forma mais intensa. Essa é até uma questão estudada por muitos pesquisadores. Dados do Ministério do Trabalho e da Previdência mostram que os jovens são o grupo que mais muda de emprego em menos tempo. A pesquisa indica que, dos 9,96 milhões de jovens de 18 a 24 anos consultados pelo levantamento, 24,4% (2,47 milhões) ficam menos de três meses no mesmo trabalho.[11] E esse é um fenômeno mundial. A situação nos EUA é parecida:

> Os dados corroboram isso. Um recente relatório da Gallup sobre a geração millennial revela que 21% dos millennials afirmam ter mudado de emprego no último ano, o que é mais de três vezes o número de não millennials que relatam o mesmo. A Gallup estima que a rotatividade dos millennials custa à economia dos EUA US$ 30,5 bilhões

anualmente. (...) Por que os millennials são tão propensos a trocar de emprego? Há muitas razões potenciais, mas uma pode ser seu baixo engajamento no trabalho. A Gallup descobriu que apenas 29% dos millennials estão engajados no trabalho, o que significa que apenas cerca de três em cada dez estão emocional e comportamentalmente conectados ao seu emprego e à empresa. Outros 16% dos millennials estão ativamente desengajados, o que significa que estão mais ou menos prontos para causar danos à sua empresa. A maioria dos millennials (55%) não está engajada, liderando todas as outras gerações nessa categoria de engajamento no trabalho.[12]

Ou seja, há uma tendência para mudar rapidamente de emprego. Porém, será que essa é realmente a melhor forma de crescer profissionalmente? Eu não acredito nisso. Mudar de emprego envolve um risco alto, pois é possível trocar e perceber que trocou seis por meia dúzia ou por algo até pior. Nem sempre trocar de emprego é a melhor opção.

Converso muito sobre esse assunto com minha filha do meio, Camila, que trabalha há dois anos numa empresa e já até recebeu uma promoção. Em alguns momentos, ela se diz ressentida e infeliz por questões internas e pensa em procurar outra posição. E sempre pondero: "Lembre-se de que mudar é um risco e pode ser ruim também; trocar de emprego não é, necessariamente, melhor. Fique mais um tempo, você terá a chance de aprender mais profundamente sobre uma empresa e suas dinâmicas se ficar um período maior". Além disso, por mais que a gente goste do que faz, sempre haverá uma parte do trabalho que será chata e frustrante — não há perfeição (vou falar mais sobre isso no próximo capítulo). Essas conversas têm sido muito produtivas, e ela tem entendido que somente o tempo de experiência pode proporcionar o conhecimento mais profundo sobre as engrenagens de uma empresa como um todo e que, no longo prazo, ela será beneficiada por ter esse entendimento mais amplo de uma empresa.

Além disso, tornar-se líder muito jovem também não é fácil nem simples. A verdade é que ser promovido muito rapidamente nem sempre é bom para a própria carreira. Eu mesmo me tornei diretor de forma precoce, aos 33 anos, e foi uma experiência difícil. Eu não estava totalmente pronto para assumir a cadeira, e poderia ter sido menos sofrido se eles tivessem esperado mais uns dois anos para me dar essa promoção. E lembro que a liderança na época foi muito correta comigo: eles me promoveram a diretor industrial, mas não me passaram todas as responsabilidades imediatamente. Foram me passando as responsabilidades ao longo de quatro anos, enquanto me preparavam para cada etapa e sentiam que eu estava pronto para aumentar minha carga de responsabilidade dentro da empresa. Depois desse período de amadurecimento, tornei-me responsável por todas as fábricas, centros de distribuição e logística da companhia no Brasil. Ou seja, mesmo sendo promovido com cuidado e responsabilidade, não foi fácil.

Olhando para trás, costumo dizer que, se eu fosse meu próprio chefe naquela época, não teria feito essa promoção. Assumir uma diretoria sem ter maturidade para isso é algo difícil, pois você ainda não domina todos os códigos da posição. É preciso aprender a se movimentar e se articular em um ambiente muito competitivo e político, em que seus pares duvidam da sua capacidade de entrega. Os funcionários que respondem a você, em muitos casos, são mais velhos e também duvidam da sua capacidade de liderança. Ou seja, é importante desmistificar esse tipo de vontade de crescer muito rapidamente dentro de uma organização, porque nem sempre se está maduro o suficiente para tal.

A ansiedade por crescer rapidamente gera conflitos no ambiente de trabalho. Algumas empresas acham os millennials ansiosos e apressados. Líderes apontam que a geração Z, que sucede os millennials, é ainda mais desafiadora, carente de habilidades tecnológicas e engajamento. Portanto, embora a escolaridade e os exemplos de sucesso tenham fortalecido a autoconfiança dos millennials, isso nem sempre se traduz em realidade no mercado de trabalho. Ainda há um ajuste a ser feito entre as altas expectativas dessa geração e as demandas reais das organizações.[13]

Além da mudança constante de emprego e dos tensionamentos, há outras consequências sérias no que se refere à vida pessoal dos jovens. Muitas delas causadas, principalmente, pelo uso intenso e sem filtro das redes sociais. Falarei de algumas que me chamam a atenção.

OBSESSÃO POR SER RICO

Por conta dos padrões de comportamentos e tendências criados dentro das redes sociais, uma pesquisa norte-americana demonstrou que 44% da geração Z e 46% dos millennials estão "obcecados com a ideia de ser rico", comparados com 27% da população geral dos Estados Unidos:[14]

> Ao mesmo tempo que o desejo de conquistar um certo status social não é algo novo, o aumento de "influenciadores" tem conduzido as gerações mais novas a desejarem algumas liberdades que as celebridades das redes sociais aparentam ter no estilo de vida e nas finanças pessoais. (...) O sistema de valores dessa geração aliado com a ideia de menos trabalho e mais tempo livre (...). Essas gerações também não querem "gastar suas vidas trabalhando" (...).

Para mim, não é um problema querer ser rico. Pelo contrário, acho saudável termos ambição e estipularmos metas altas. Mas precisamos entender que é muito difícil, ou melhor, extremamente difícil se tornar rico ainda jovem. Ou seja, mais uma expectativa altíssima criada para uma realidade que não comporta esse nível de expectativa, causando uma frustração grave, que pode gerar problemas de saúde mental, como veremos adiante.

Além disso, vale a pena lembrar que enriquecer rapidamente nem sempre é garantia de continuar rico até o fim da vida. Nós temos inúmeros exemplos de jogadores de futebol que ganharam muito dinheiro muito jovens e gastaram tudo. Ou seja, é importante lembrar que a maturidade também tem um papel fundamental para a administração da carreira e do dinheiro.

DISMORFIA FINANCEIRA

Outra preocupação crescente é a "dismorfia financeira". A dismorfia financeira é um termo que descreve uma percepção distorcida da situação financeira de uma pessoa, semelhante ao que ocorre com a dismorfia corporal, em que a imagem que alguém tem de si mesmo não corresponde à realidade. Nesse contexto, indivíduos com esse problema podem se sentir financeiramente inseguros ou inadequados, mesmo que suas finanças estejam em ordem.

Esse é um problema que atinge quase metade dos jovens. Segundo uma pesquisa realizada em 2024, cerca de 43% da geração Z e 41% da geração dos millennials afirmam que sofrem de uma percepção errada de suas finanças:[15]

> Ter uma perspectiva financeira baseada no medo e não em fatos não é novidade. Aqueles que tiveram avós pertencen-

tes à geração de nascidos entre 1901 e 1927 reconhecerão a mentalidade de escassez da era da Depressão. A mentalidade de escassez é uma maneira válida de vivenciar o mundo. Uma educação em que as finanças eram apertadas terá um impacto por toda a vida na forma como a pessoa pensa e interage com o dinheiro. O problema da dismorfia do dinheiro é que ela pode distorcer o pensamento de alguém cuja experiência de vida não é de escassez, mas de estabilidade.[14]

SAÚDE MENTAL

A saúde mental dos millennials e da geração Z é uma questão que tem ganhado cada vez mais atenção, especialmente quando se fala em índices alarmantes de ansiedade, depressão e suicídio.

> Mais de 50% dos millennials estão esgotados, mostra a pesquisa. O burnout é resultado de expectativas não atendidas, alta carga de trabalho e falta de reconhecimento e oportunidades de crescimento. Quatro em cada 10 millennials (39%) dizem que se sentem estressados ou ansiosos no trabalho. Entre os brasileiros, 45% se sentem dessa forma.[16]

Estudos indicam que cerca de 30% dos millennials sofrem de ansiedade, um número consideravelmente maior em comparação com a geração X, que apresenta 26% de incidência.[17] Além disso, aproximadamente 12% dos millennials[17] têm um transtorno de ansiedade diagnosticado, quase o dobro da porcentagem entre os baby boomers.

O aumento do diagnóstico de depressão também é uma questão que precisa ser vista com atenção. Os casos entre jovens de 18 a 24 anos cresceram de 5,6%, em 2013, para 11,1%, em 2019.[18] Já a geração Z apresenta sintomas de depressão e ansiedade ainda mais precocemente. Estudos recentes revelaram que crianças e adolescentes dessa geração começam a manifestar problemas emocionais a partir dos 9 anos, com um pico de intensidade por volta dos 14 anos.[19]

Um caso que me marcou muito foi o da Ana (nome fictício), que trabalhou comigo e me deixou bastante preocupado. Tudo começou com um telefonema de um amigo meu de muito tempo. Ele me contou que sua filha estava se formando em engenharia e perguntou sobre a possibilidade de alguma vaga para ela na empresa. Eu disse a ele que não queimava etapas, mas que poderia levar o currículo dela ao RH para que ela passasse pelo processo seletivo tradicional e correto da empresa. "Se ela vai conseguir ou não, vai depender apenas dela. A vaga que temos neste momento é para uma fábrica em Cuiabá. Cuiabá é bastante quente e é uma cidade longe da família. Quero te fazer uma pergunta honesta: se for contratada, ela vai aguentar?" Fui bastante honesto com meu amigo. Ele não titubeou, disse que sim, ela queria muito uma oportunidade e aceitaria se mudar para Cuiabá. "Você tem a minha palavra", ele disse.

Ela passou pelas entrevistas sem ninguém saber que ela era filha de um amigo meu, pois enviei o currículo dela e pedi apenas para incluírem na seleção com os outros. E ela acabou sendo contratada para a vaga. Quando chegou à fábrica, fui recebê-la e dei uma volta com ela nas instalações para dar as boas-vindas e contar como era o trabalho lá. Eu já dirigia a empresa e não precisava fazer isso, mas fiz como forma de motivá-la e desejar boa sorte.

Passados um ano e quatro meses, ela foi promovida para supervisora, mas começou a demonstrar que não estava bem e que queria ir embora. Lembro-me de conversar inúmeras vezes com ela, mostrando que estava construindo uma carreira bem-sucedida e que o dia a dia exige perseverança e paciência. Porém, um dia, a diretora de Recursos Humanos me chamou para uma conversa e me disse que a situação tinha piorado e que ela tinha sido diagnosticada com depressão. Fiquei preocupado e entendi que a situação era grave. Ela acabou pedindo demissão e voltou para casa.

CRESCIMENTO DOS CASOS DE SUICÍDIO

Outro caso muito grave que tem preocupado pais, mães e toda a sociedade são os suicídios. O número no Brasil cresceu 11,8%, em 2022, em comparação com 2021.[20] Entre 2011 e 2022, a taxa de suicídio entre jovens, especificamente na faixa etária de 10 a 24 anos, cresceu a uma taxa média de 6% ao ano. Esse aumento é acompanhado por um crescimento ainda mais significativo nas notificações de autolesões, que aumentaram 29% ao ano nesse mesmo grupo etário.[21]

Enquanto escrevia este livro, um episódio me chamou atenção. Um conhecido do meu genro, engenheiro formado pela Poli, na USP, tentou cometer suicídio. Por sorte, ele deixou algumas mensagens em uma rede social. Os amigos leram e perceberam que a situação era muito grave e, rapidamente, foram até a casa do rapaz. Conseguiram levá-lo para o hospital, e ele recebeu atendimento rápido o suficiente para salvá-lo. Essa história tem um final feliz — pelo menos até agora. Porém, quantas outras não têm? É algo para cuidarmos, enquanto sociedade e enquanto família. A mesma rede social que causa o transtorno também pode salvar vidas.

Esses relatos que compartilhei com você são experiências que me impactaram e me preocuparam muito. Tudo o que queremos — para nossos filhos e jovens — é que eles sejam felizes e bem-sucedidos. Porém, pensando no contexto em que foram criados e no contexto em que vivem (de redes sociais e mundo complexo), é importante entender as consequências do que está acontecendo com a vida deles, principalmente no que se refere à saúde mental.

Sempre digo que a culpa não é dos jovens por estarem vivendo essa situação, mas são eles que estão sofrendo no momento, frustrados porque as expectativas criadas foram altas demais, estão obcecados com a ideia de serem ricos e com altos índices de transtornos relacionados à saúde mental.

Quero dizer a você o seguinte: é possível ter uma vida tranquila, construir uma carreira bem-sucedida e ter uma reserva financeira importante se colocarmos o pé no chão e redimensionarmos as expectativas em relação à vida. Pensando nisso, quero compartilhar com você a Ferramenta dos Dois Triângulos, uma ferramenta simples e acessível, que pode ser aplicada em sua vida agora mesmo.

CAPÍTULO 5

A FERRAMENTA DOS DOIS TRIÂNGULOS

O objetivo da Ferramenta dos Dois Triângulos é ajudar você na sua vida pessoal e profissional. Digo isso porque acredito que as fases da vida que compõem cada triângulo caminham juntas, de mãos dadas, e influenciam uma à outra o tempo todo.

O objetivo da Ferramenta dos Dois Triângulos é ajudar você na sua vida pessoal e profissional. Digo isso porque acredito que as fases da vida que compõem cada triângulo caminham juntas, de mãos dadas, e influenciam uma à outra o tempo todo.

A ferramenta que desenvolvi pode oferecer estabilidade, harmonia e segurança para a vida como um todo, pois a ideia principal é termos os pés no chão, estarmos mais conectados com a realidade e menos nublados com as expectativas que, em determinados casos, são irreais ou pouco factíveis — muitas delas geradas pelos contextos de educação e influência das redes sociais que forjaram os jovens millennials e a geração Z, tal como vimos nos capítulos anteriores. Com essa ferramenta, quero mostrar a você que é possível diminuirmos as frustrações e encontrar mais felicidade e paz ao longo da jornada — que já é desafiadora o suficiente!

A ferramenta é constituída pelas duas metades da vida adulta, que chamo de Fase do Ter e Fase do Ser. Essas fases estão dispostas em dois triângulos: Triângulo da Produtividade e Triângulo da Serenidade.

TRIÂNGULO DA PRODUTIVIDADE

O Triângulo da Produtividade está na Fase do Ter, cuja faixa etária abrange dos 20 aos 60 anos (com variações para mais ou para menos). É o momento em que estamos desenvolvendo nossa vida — seja a carreira, seja a vida familiar — e que temos, acredito, dois grandes objetivos: construir patrimônio e acumular conhecimento. A ponta deste Triângulo da Produtividade é quando eu gero patrimônio (renda) suficiente para não precisar trabalhar mais para pagar as despesas. Para construir o Triângulo da Produtividade, a proposta é pensar em três lados, que seriam:

Energia física. Esta é a base do primeiro triângulo. É aquele momento do início da carreira, em que estamos cheios de vigor, prontos para trabalhar e aprender muito. Estamos no auge de nossa vitalidade, quando somos jovens, entre 20 e 24 anos, mas temos pouco conhecimento.

Energia física

Economia. É preciso gastar menos do que se ganha para construir uma poupança robusta com o tempo. Dessa forma, você terá autonomia financeira para viver bem essa primeira fase da vida adulta e também quando chegar próximo à aposentadoria, mais à frente. Ou seja, é o momento de guardar dinheiro.

Conhecimento. Investir no conhecimento e se aperfeiçoar como profissional é absolutamente fundamental para se manter no caminho do triângulo, conquistando promoções consistentes dentro da carreira. Ou seja, as empresas pagam você pelo que você conhece e tem capacidade de entregar.

Juntos, energia física, economia e conhecimento facilitarão uma primeira fase de vida adulta próspera, feliz e consistente, até atingir o topo do triângulo — infelizmente, pelo que eu posso observar ao meu redor, a maioria não consegue atingir essa virada com autonomia financeira. Essa ponta do triângulo representa o momento em que não precisamos mais trabalhar para cobrir nossas necessidades. Normalmente, quem chega a esse estágio tem entre 55 e 65 anos. Antes disso, falta maturidade, e, depois, pode faltar energia. Quando atingimos esse ponto, é como se o triângulo "virasse", marcando o início de uma nova fase na vida, que eu chamo de "Virada do Triângulo".

▲ Produtividade/Ter

Perceba que as laterais do Triângulo da Produtividade, Economia e Conhecimento estão baseados em energia física e apontam para cima, indicando crescimento. Entenda agora por que o crescimento do triângulo está vinculado ao conhecimento e à economia. Eis alguns motivos que considero essenciais:

1. Você terá uma carreira estável e bem-sucedida se estiver sempre se atualizando e com uma boa capacidade de entrega. Seu salário — e o aumento de salário — virá de um trabalho bem executado. Ou seja, de seu conhecimento. E, para buscar conhecimento, você precisará de energia física.
2. Ter o tempo como aliado é fundamental para construir patrimônio, pois enriquecer não é um processo rápido. E, além disso, é essa economia que dá a sensação de estar um pouco mais "rico" todo mês, que fará com que você transponha os obstáculos do dia a dia e continue firme na utilização do Triângulo.

Acredito que haja três
objetivos primordiais
na segunda metade
da vida adulta: fazer
algo que amamos
(se for para ajudar o
próximo, melhor ainda);
cuidar da saúde física e
mental e ter uma vida
tranquila para aumentar
o estado de felicidade
e, consequentemente,
nossa longevidade.

Ou seja, os itens 1 e 2 são como um círculo virtuoso que se retroalimenta: quanto mais conhecimento eu tenho, mais ascendo na carreira e aumento meu rendimento; quanto maior meu salário, mais poupo e mais posso investir no meu conhecimento. E, quanto mais ganho, mais me sinto rico e com a sensação de que o esforço do dia a dia vale a pena.

TRIÂNGULO DA SERENIDADE

A Ferramenta dos Dois Triângulos garante uma vida tranquila e estável no presente e no futuro. Porque, quando você tiver 55 ou 65 anos, sua vitalidade será menor, assim como sua tolerância para trabalhar com algo de que não gosta.

Acredito que haja três objetivos primordiais na segunda metade da vida adulta: fazer algo que amamos (se for para ajudar o próximo, melhor ainda); cuidar da saúde física e mental; e ter uma vida tranquila para aumentar o estado de felicidade e, consequentemente, nossa longevidade.

Esses objetivos definem quais serão os lados montados no Triângulo da Serenidade, que completa a Ferramenta dos Dois Triângulos.

Tranquilidade e felicidade. Organizar a rotina de tal forma a minimizar e reduzir os estresses da vida e do cotidiano. Ter uma vida tranquila é importante para ampliar o estado de felicidade e, dessa forma, garantir uma boa qualidade de vida.

Tranquilidade e Felicidade

Fazer algo que ama (de preferência, ajudando o próximo). Aproveitar o tempo para fazer algo que ame e que dê prazer a você. O que foi, ao longo da vida, apenas um hobby, pode ganhar um espaço maior em seu cotidiano dentro do Triângulo da Serenidade. Se esse momento estiver relacionado a uma forma de ajudar o próximo, melhor ainda!

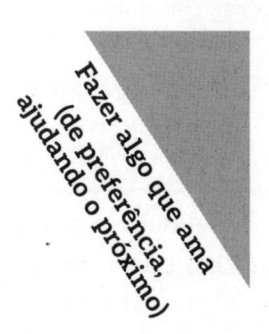

Corpo e mente. Cuidar da saúde física e mental, com exercícios físicos e alimentação balanceada e prazerosa ao mesmo tempo, a fim de evitar o estresse e ter uma vida tranquila e longeva. Além do corpo, é importante cuidar da mente, com atividades sociais e aprazíveis, que tragam para a rotina um senso de comunidade. Dessa forma, você conseguirá ampliar sua energia e viver mais e melhor.

Eis o Triângulo da Serenidade, que está contido na segunda metade da vida adulta e começa a partir dos 55/65 anos.

Felicidade/Ser

Os lados do Triângulo da Serenidade são compostos pelos lados Corpo e Mente e Fazer algo que ame (de preferência, ajudando o próximo), e apontam para cima, para o platô Tranquilidade e Felicidade. Ou seja, quanto mais fizer coisas que ama, mais tempo você passará em estado de felicidade. Quanto mais situações de felicidade e doação vivenciar, mais saúde mental e física você terá para viver uma vida tranquila, sem estresses e, portanto, muito mais feliz.

É o que todos nós buscamos!

OS DOIS TRIÂNGULOS

O Triângulo da Produtividade e o Triângulo da Serenidade se unem formando uma ampulheta, simbolizando a crença no tempo como um dos nossos maiores aliados. O tempo ajuda na construção de um patrimônio e no acúmulo de conhecimento, que impulsionarão uma virada de triângulo tranquila e sem percalços.

Visão do ciclo produtivo da vida

Felicidade/Ser — 85 anos - ∞

55-65 anos

Produtividade/Ter — 20-24 anos

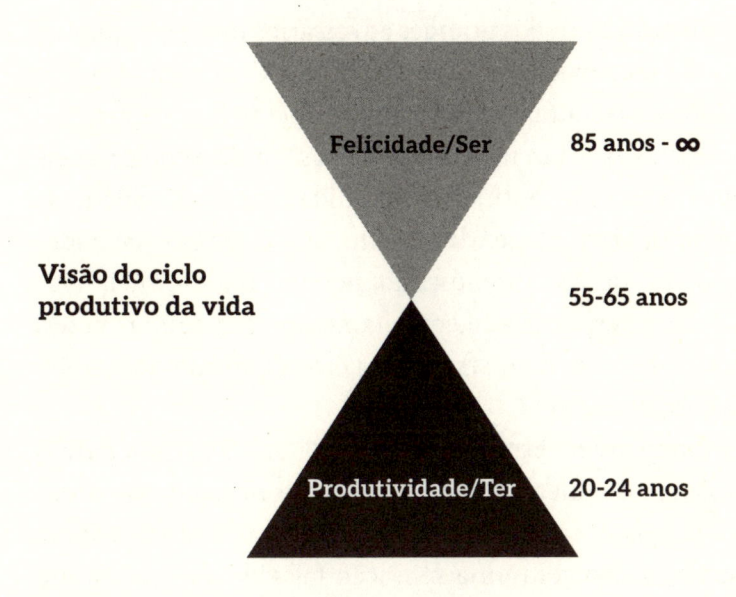

Nos próximos capítulos, vamos aprofundar as características desses dois triângulos.

O TEMPO NA FERRAMENTA DOS DOIS TRIÂNGULOS

Um de meus maiores aprendizados ao longo da vida vem de minha relação com o tempo. O tempo, para mim, é um de meus melhores amigos e provavelmente meu maior aliado na concretização de planos e sonhos. Quando o temos como amigo, temos tranquilidade e calma para realizar nossas metas de forma mais eficiente e prazerosa. O tempo nos ensina sobre paciência e perseverança, duas qualidades essenciais para o sucesso duradouro.

Porém, o tempo pode ser seu inimigo também. Até porque a procrastinação é um dos grandes adversários invisíveis quando se trata da construção de uma carreira e da acumulação de patrimônio. No contexto profissional, procrastinar não apenas adia a conclusão de tarefas imediatas, mas também compromete o desenvolvimento contínuo de habilidades e a capacidade de aproveitar oportunidades de crescimento. O tempo que poderia ser investido em aprendizado, networking ou iniciativas inovadoras é desperdiçado em adiamentos que, muitas vezes, são movidos por medo do fracasso, perfeccionismo ou simples falta de organização.

No longo prazo, esse hábito se torna uma barreira para o progresso, pois o mercado de trabalho e os negócios são dinâmicos e recompensam aqueles que se mantêm proativos e ágeis. A procrastinação gera uma sensação falsa de que há sempre tempo suficiente para realizar algo mais tarde, quando, na verdade, as oportunidades podem ser perdidas para aqueles que estão mais preparados ou dispostos a agir no momento certo.

Além disso, procrastinar também afeta diretamente a saúde financeira. Adiar decisões importantes relacionadas a planejamento financeiro, como começar a poupar, investir ou controlar gastos, pode ter um efeito devastador ao longo dos anos. O tempo é um dos principais aliados dos investimentos, e, quanto mais cedo se começa a poupar e investir, maior é o poder dos juros compostos para aumentar o patrimônio. Pessoas que procrastinam frequentemente deixam para amanhã a construção de uma reserva de emergência, o controle de dívidas ou a criação de um plano de aposentadoria, o que pode resultar em uma vida financeira instável e cheia de imprevistos.

Por isso, se você não se prepara economicamente desde o começo da carreira, pode faltar tempo mais tarde para conseguir estabilidade financeira e qualidade de vida na terceira idade.

Quando abraçamos
o tempo como
aliado, deixamos
de nos sentir
pressionados
pela urgência
e começamos
a entender
que grandes
realizações,
muitas vezes,
exigem paciência
e persistência.

Com o tempo ao nosso lado, podemos:
1. Aprender com nossos erros e crescer a partir deles;
2. Desenvolver habilidades de forma consistente e profunda;
3. Construir relacionamentos significativos e duradouros;
4. Refletir sobre nossas escolhas e ajustar nosso caminho quando necessário;
5. Apreciar o processo de evolução pessoal e profissional.

Quando abraçamos o tempo como aliado, deixamos de nos sentir pressionados pela urgência e começamos a entender que grandes realizações, muitas vezes, exigem paciência e persistência.

Além disso, o tempo nos oferece perspectiva, nos ajuda a ver que obstáculos são temporários e apenas parte do processo, não o fim da estrada. Com ele, aprendemos a valorizar não apenas os grandes marcos, mas também os pequenos progressos diários que, somados, levam a mudanças significativas.

Lembre-se: a vida não é uma corrida de cem metros, mas uma maratona. Ao fazer do tempo nosso amigo, ganhamos sabedoria para perceber o melhor momento de acelerar e de desacelerar, quando persistir e quando mudar de direção. Essa amizade com o tempo nos proporciona a serenidade necessária para enfrentar desafios com confiança e otimismo.

Faço essa reflexão em relação ao tempo porque, primeiro, realmente acredito nele, e muito da Ferramenta dos Dois Triângulos está baseada nessa crença. Segundo, porque estamos vivendo uma mudança importante enquanto sociedade: nós estamos vivendo mais. E isso é maravilhoso, desde que saibamos envelhecer com conforto — o que requer planejamento financeiro e dimensionamento de perspectivas pessoais.

Atualmente, a expectativa de vida no Brasil gira em torno de 75 anos[22] mas sabemos que essa idade só tende a aumentar com o avanço das tecnologias que impactam a qualidade de vida. A quantidade de pessoas atingindo ou ultrapassando os 100 anos tem aumentado consideravelmente. Centenários representam 0,018% da população brasileira, ou 37.814 pessoas (27.244 mulheres e 10.570 homens). Em números absolutos, parece pouco. Mas, entre o Censo de 2010 e o Censo de 2022, esse número cresceu 66,7%, somando 15.138 pessoas a mais.[23] Também dizem que já estão entre nós pessoas que viverão 150 anos.

Pensar nessas questões, quando se é jovem, parece bobagem. "Ah, mas ainda tem tanto tempo pela frente!" É verdade. Porém, envelhecer com qualidade, saúde e energia demanda de nós atitudes diversas, complementares e que contam com a ação do tempo. Esses desafios vão além da simples extensão da vida e envolvem aspectos sociais, econômicos e de saúde. Até porque nós sabemos que a previdência pública, oferecida pelo Instituto Nacional do Seguro Social (o INSS), está com problemas severos e que a aposentadoria que podemos, um dia, receber do governo pode não ser suficiente para manter nossa qualidade de vida — se já não for.

Pensar no tempo e construir planos de médio e de longo prazo são chaves de uma vida bem-sucedida. Lembra a história de meu avô? Quando morreu, ele tinha formado uma família feliz, tinha trabalhado com orgulho e honestidade e deixou um patrimônio como herança. Ou seja, ele apostou no tempo — mais uma vez, um exemplo de simplicidade e sabedoria que ele deixou comigo. Hoje, acho essa uma das melhores apostas que podemos fazer.

Por isso, acredito que é muito possível construir uma vida profissional e pessoal consistente e madura tendo o tempo como aliado e usando a Ferramenta dos Dois Triângulos.

CAPÍTULO 6

O TRIÂNGULO DA PRODUTIVIDADE: A FASE DO TER

No entanto,
a vontade
de ter coisas
— como tudo na
vida — pode ser
algo bom e algo
ruim. Quando
equilibrada,
essa vontade nos
eleva; quando
desmedida, pode
nos arrastar
para baixo.

Cada fase traz seus próprios desafios e recompensas. Para mim, o segredo está em sintonizar-se com essas mudanças e não perder o tempo de vista, nosso aliado tão importante. A proposta é buscar, ao longo das décadas, um equilíbrio entre expectativa e realidade, aprendendo a usar nossa energia de maneira mais eficiente e estratégica. Dessa forma, é possível equilibrar a ideia de presente e futuro para virar o triângulo com tranquilidade e sabedoria. Se eu olhar numa perspectiva de horizonte, consigo ir mais longe, porque administro melhor minha ansiedade e minhas frustrações.

O Triângulo da Produtividade marca o momento da vida em que temos muita vitalidade e energia. Está contido na Fase do Ter, em que trabalhamos arduamente, nos dedicamos muito e precisamos ser obstinados o tempo todo. Para mim, podemos até ter sorte, mas sorte não representa mais que 10% desse processo todo. Igualmente, é na Fase do Ter que queremos muitas coisas: queremos carro, casa, bens materiais, experiências, viagens etc.

A vontade de ter coisas é uma força motriz fundamental na vida humana. É o combustível que nos impulsiona a buscar melhorias, a nos esforçar por crescimento e a transformar sonhos em realidade. Esse desejo nos motiva a acordar cedo, a trabalhar duro, a aprender novas habilidades e a superar obstáculos. É o que nos faz imaginar um futuro melhor e nos dá a energia para persegui-lo.

No entanto, a vontade de ter coisas — como tudo na vida — pode ser algo bom e algo ruim. Quando equilibrada, essa vontade nos eleva; quando desmedida, pode nos arrastar para baixo.

É só pensar numa chama: quando controlada, aquece e ilumina; quando descontrolada, consome e destrói. Se nossa vontade de ter coisas está moderada e alinhada com nossos valores mais profundos, é um artifício poderoso de crescimento pessoal. Essa vontade inspira a definir metas, a desenvolver disciplina e a valorizar o fruto de nosso trabalho. Pode nos levar a criar, inovar e contribuir positivamente para o mundo ao nosso redor.

Contudo, quando a vontade de ter coisas está fora de controle, compulsiva, começamos a pisar em território perigoso. A compulsão pode se transformar em uma fonte inesgotável de insatisfação. Sempre haverá algo mais novo, maior ou melhor para desejar. Nessa roda-viva, corremos o risco de perder de vista o que realmente importa.

No Triângulo da Produtividade, nosso foco dentro da ferramenta são duas ações importantíssimas: **economizar** e **acumular conhecimento**. Acredito que, se construirmos bases sólidas nessas duas áreas — finanças pessoais e formação —, garantiremos uma vida boa na Fase do Ter.

Produtividade/Ter

FINANÇAS PESSOAIS

Cuidar da vida financeira e ter uma reserva importante é colocar em prática o lado economia do Triângulo da Produtividade. Ao longo das cerca de quatro décadas da Fase do Ter, o objetivo deve ser economizar constantemente uma parcela de seus ganhos para que você tenha uma quantia suficiente a fim de passar pela Virada do Triângulo sem depender (ou, pelo menos, não totalmente) da previdência pública do INSS e mantendo sua qualidade de vida intacta.

Sei que falar sobre finanças pessoais é delicado, principalmente numa sociedade que estimula todos nós, o tempo todo, a consumir coisas cada vez mais caras e sofisticadas. E em todos os âmbitos da vida, do cafezinho às viagens, passando por roupas e utilidades do lar até experiências exuberantes. O grande problema é que, depois de experimentar algo muito bom e caro, fica difícil voltar para o mais simples ou mediano. Sempre penso no cafezinho: depois de tomar um café daquele grão ultrabacana e caro, como fazemos para voltar a tomar um simples cafezinho na padaria da esquina?

Infelizmente, nós, brasileiros, temos uma educação financeira muito rasa, que compromete nossa relação com o dinheiro. O endividamento da população brasileira em 2024 é algo preocupante, pois ultrapassa os limites de um problema financeiro e passa a ser também um desafio emocional e social. Atualmente, cerca de 78,1% das famílias brasileiras estão enfrentando dívidas.[24] São muitas as causas do endividamento, mas uma delas é o acesso facilitado ao crédito, principalmente por meio do cartão de crédito, que representa 86,9% das dívidas.[25]

As consequências desse cenário são profundas. Para as famílias, isso significa uma redução no consumo, já que uma parte significativa da renda é comprometida com dívidas. Além disso, o endividamento excessivo pode gerar problemas emocionais, como vergonha e estresse, afetando a dinâmica familiar e a saúde mental dos indivíduos. Uma pessoa ou família endividada não consegue poupar nem pensar no futuro.

Portanto, é fundamental buscar formas de lidar com essa situação. A conscientização sobre gestão financeira, o planejamento orçamentário e a busca por alternativas de renda podem ser caminhos para superar o endividamento. Lembre-se de que, apesar das dificuldades, sempre há uma saída. O primeiro passo é reconhecer a situação e buscar ajuda, seja por meio de profissionais da área financeira, seja por meio de grupos de apoio. Com determinação e estratégia, é possível reverter esse quadro e construir um futuro mais saudável e equilibrado financeiramente.

Além de não termos educação financeira adequada, tendemos a ser mais imediatistas, enfrentando dificuldades para fazer planejamentos de longo prazo. Apesar de mais da metade dos brasileiros (58%) afirmar pensar frequentemente em planejar suas finanças para o futuro,[26] a realidade mostra que muitos têm dificuldade de colocar isso em prática. Cerca de metade da população brasileira não possui um planejamento financeiro definido para os próximos anos.[27]

Um dos principais desafios é conseguir pagar todos os boletos do mês e ainda fazer com que sobre dinheiro para poupar (41%).[26] Além disso, 67% dos brasileiros não têm nenhuma reserva financeira para emergências, o que os deixa vulneráveis a imprevistos. Apenas 6% afirmam ter poupança para garantir o mesmo padrão de vida por mais de um ano.[28]

Quando se trata de se preparar para a aposentadoria, a situação também não é animadora. Apenas 13% dos trabalhadores têm algum plano de previdência privada, e, desde 2018, houve redução no total de brasileiros que de alguma maneira se prepara para esse momento, caindo de 12% para 8%.[28]

Comparado a outras populações, o brasileiro parece ter mais dificuldade em se planejar financeiramente para o futuro. Enquanto países desenvolvidos têm uma cultura mais consolidada de poupança e investimento de longo prazo, no Brasil ainda prevalece um certo imediatismo.[28]

Mas você pode resolver essa questão dentro da Ferramenta dos Dois Triângulos. Primeiro e mais importante: organize as finanças e saia da dívida. Em seguida, leve a sério a Regra dos 25%. Essa regra é o meu grande segredo, e vou compartilhá-lo com você neste livro!

Organização financeira

Estas são algumas dicas importantes para ter uma relação mais saudável com suas finanças:
1. Faça um orçamento detalhado. Anote suas rendas em uma coluna e, ao lado, as despesas, separando-as em categorias como moradia, alimentação, lazer e poupança. Manter-se dentro desse orçamento dará a você controle total sobre suas finanças.
2. Crie um fundo de emergência. Imprevistos acontecem e, muitas vezes, são acompanhados de despesas inesperadas. Ter um fundo de emergência que cubra pelo menos seis

meses de despesas é essencial para evitar se endividar em alguma emergência.
3. Evite dívidas com juros altos. Cartões de crédito e empréstimos podem ter taxas de juros exorbitantes. Priorize o pagamento dessas dívidas e evite se endividar nessas modalidades.
4. Separe as contas pessoais das profissionais. Quando você também é uma pessoa jurídica, é necessário ter atenção redobrada para não misturar as contas. Usar a renda pessoal para quitar dívidas da pessoa jurídica e vice-versa pode ter sérias consequências.
5. Tenha disciplina e persistência. Muitos se endividam por falta de disciplina e persistência no controle financeiro. Pequenas atitudes fazem muita diferença, então mantenha hábitos financeiros saudáveis.
6. Invista em educação financeira. Conhecimento é poder quando se trata de dinheiro. Investir em cursos, livros e outros recursos de educação financeira o ajudará a tomar melhores decisões.

Caso sinta que está precisando de ajuda, não perca tempo nem fique com vergonha. Fale com a família, com amigos próximos e procure ajuda profissional o quanto antes. Não é fácil nem simples lidar com dinheiro, e, infelizmente, nós temos uma educação financeira muito precária no Brasil. Por isso, cuide de suas finanças com carinho, dedique-se a fazer planilhas de controle e analisar os gastos e, mais do que isso, pense várias vezes antes de comprar algo. A pergunta chave é: eu realmente preciso disso neste momento de minha vida? Já fiz pesquisas o suficiente para analisar o preço desse produto? Posso pagar à vista?

Depois de refletir sobre essas questões, tome a decisão que for melhor para você. Mas lembre-se do capítulo anterior: o tempo é definidor, para o bem e para o mal. Ter uma dívida, no nosso país, é algo que pode se tornar rapidamente uma bola de neve, sobretudo se for no cartão de crédito. Por isso, pense muito antes de efetuar gastos e priorize a gestão de suas finanças. Você verá que essa rotina irá se incorporar ao seu dia a dia e fará toda a diferença para seu futuro!

A Regra dos 25%

Construir patrimônio demanda tempo e muita perseverança. Muita mesmo! Não acredite nos influenciadores digitais e nos coachs que prometem enriquecimento rápido. Esse tipo de escalada meteórica até pode acontecer, mas em pouquíssimas exceções. Agora, se você tiver uma reserva constante, a chance de se tornar rico na Virada do Triângulo é grande.

Sabe com quem aprendi essa ferramenta básica da economia? Com meu avô! Lembra da história do começo do livro? Um dia, meu avô pegou uma escada de pintura e me disse o seguinte: "Heverton, se você ganhar neste degrau (e apontava para o quarto degrau) e gastar somente até este degrau (e apontava para o terceiro degrau), você nunca vai sofrer, pois sempre vai sobrar dinheiro. E você vai guardar esse dinheiro. Desse jeito, você nunca vai sofrer".

Dentro do Triângulo da Produtividade, a maior lição que posso compartilhar é a seguinte: **sempre, em qualquer situação, reserve 25% dos seus rendimentos mensais**. É algo que precisa se tornar sagrado em sua rotina. O salário caiu na conta, você já retira 25% e coloca em um investimento seguro. Foi essa a grande estratégia que coloquei em prática ao longo da vida. Não é simples nem é fácil, mas a constância e o tempo o tornarão rico na Virada do Triângulo, pode acreditar.

Converso muito sobre isso com meus filhos. Se reservar 25% do salário líquido que ganha até os sessenta anos, eles não precisarão se tornar diretores, por exemplo, para serem ricos.

A Rampagem de Vida significa construir crescimento de forma consistente e pensando no horizonte a fim de evitar frustrações. Lembre-se: é importante celebrar todas as conquistas, das menores às maiores. Sem a menor, a gente não chega na maior. Por isso, todas são igualmente importantes!

Porém, há algumas etapas que precisam ser seguidas para obter sucesso nesse planejamento. Primeiro, é muito importante entender a diferença entre ativo e passivo. Um **ativo** é algo que gera dinheiro ou tem o potencial de gerar valor ao longo do tempo, enquanto um **passivo** é uma obrigação financeira ou algo que custa dinheiro. Em termos simples, ativos colocam dinheiro no seu bolso, enquanto passivos tiram dinheiro dele.

Por exemplo, quando você compra sua primeira casa para morar, essa casa passa a ser um ativo seu, pois você deixa de pagar aluguel, ou seja, de gastar com moradia, e ainda pode fazer dinheiro com ela no futuro. No entanto, se você trocar esta casa por uma maior, por exemplo, o dinheiro extra colocado passa a ser identificado como passivo (no meu modelo de ferramenta), pois você comprou mais conforto — ainda que possa recuperar parte desse dinheiro extra quando vendê-la.

Outros exemplos de ativos incluem investimentos em ações que pagam dividendos, um negócio lucrativo ou uma patente que gera royalties. Exemplos de passivos incluem dívidas de cartão de crédito, empréstimos sem planos de retorno ou um carro financiado.

É importante notar que alguns itens podem mudar de categoria dependendo de como são usados: um carro usado para um serviço de entrega pode se tornar um ativo, enquanto uma casa comprada para investimento, mas que fica vazia, pode se tornar um passivo. Entender essa diferença é crucial para construir riqueza a longo prazo, pois o objetivo é aumentar seus ativos e minimizar seus passivos.

A Regra dos 25% é a nossa garantia de passar pela Virada do Triângulo de forma saudável. E isso é importante porque:

» é uma justificativa muito sedutora para que se consiga manter a reserva mensal de forma sistemática e constante por tantos anos;

» é o que nos mantém com os pés no chão quando estamos com a cabeça quente, nervosos com o chefe ou desgostosos com o trabalho. Toda vez que você estiver triste ou desmotivado com o trabalho, lembre-se de que esse trabalho — apesar de todos os momentos estressantes e difíceis — oferece a você a oportunidade de construir uma Virada de Triângulo consistente e saudável.

Destaco, no entanto, que a Regra dos 25% deve ser usada pensando nos seus ativos. Ou seja, você não usará o valor reservado para investir em passivos. O que isso significa? Se você decidir viajar nas férias, a viagem será custeada pelo seu salário, pelos 75% que restaram após a aplicação da Regra dos 25%. Se decidir trocar de carro ou melhorar de casa, fará o mesmo. Mas, se você for comprar um apartamento para parar de pagar aluguel, ou seja, para parar de ter esse gasto, que era um passivo seu, o apartamento passa a ser considerado um ativo. Então é possível usar o valor dos 25% poupados.

Portanto, lembre-se:
» reserve, sempre e em todas as situações, 25% do seu salário líquido no mínimo. Quando puder, reserve 30%;
» use a reserva para investir somente em ativos. Se quiser/precisar investir em um passivo, faça caber dentro dos 75% restantes do seu salário.

Quando entendemos que o tempo é o nosso maior aliado, entendemos que vale muito a pena economizar esses 25%. Até porque, com o tempo, seu salário irá aumentar, e você irá economizar uma quantia maior por mês. Dessa forma, unindo tempo com um valor mensal cada vez maior, você construirá um patrimônio que irá garantir uma vida tranquila quando chegar o momento de desacelerar.

E não só isso. Com o tempo, estratégia e conhecimento sobre finanças pessoais, você poderá escolher investimentos seguros que irão ajudar a acelerar esse processo. Outra opção interessante, também, é comprar um imóvel que poderá servir de aluguel. Ou seja, há muitas opções em vista. Vale a pena estudar um pouco o universo das finanças pessoais e se aprofundar nele para tomar a melhor decisão. Lembrando sempre que é importante ser consistente e cuidadoso, pensando numa perspectiva de longo prazo.

Rampagem de Vida

Para diminuir frustrações, também sugiro pensar sempre dentro das possibilidades financeiras e na perspectiva de longo prazo. É o que chamo de "Rampagem de Vida".

Observe a seguinte situação: no início de sua Fase do Ter, você tem um determinado padrão de vida, oferecido pelo seu histórico familiar. Mas, conforme você amadurece e cresce na carreira e na vida profissional, seu padrão de vida muda e melhora. Está aí a ideia da "rampa". Quanto mais rápido você aumenta o padrão de vida, mais rapidamente a rampa aumenta. Chamo esse crescimento de Rampagem de Vida.

A vida melhora, e a rampa se ajusta e cresce continuamente. Às vezes, o padrão de vida fica muito alto, ou seja, a rampa fica íngreme, o que pode dificultar a manutenção desse padrão. Será preciso ganhar muito mais dinheiro para manter essa qualidade de vida. Mas, se você fizer uma rampagem mais suave, melhorando de vida aos pouquinhos, ou seja, economizando 25% todo mês, você manterá seu padrão numa rampa que cresce gradativamente. Assim, ficará mais fácil mantê-la estável. Além disso, se você aumenta sua qualidade de vida devagar, sofre menos. Não podemos esquecer que, normalmente, quando começamos, começamos por baixo. Então, para que a pressa de subir de padrão de vida? Se consigo cumprir a Regra dos 25%, isto por si só garante o cuidado de não subir a rampa muito rápido.

Então, aumente a qualidade de vida de forma gradual para que a mudança seja consistente e você não precise dar um passo para trás e sofrer com isso. É como vinho: depois que você toma vinhos caros e muito bons, fica difícil voltar a tomar aquele vinho mais barato que compramos no supermercado da esquina. Por isso, minha sugestão é que você tome cuidado com a Rampagem de Vida para que não seja muito rápida nem muito íngreme.

O que eu quero dizer com isso? Se você está começando a vida e quer muito fazer uma viagem, é interessante entender qual é o melhor custo-benefício dessa viagem. Por exemplo, fazer uma viagem mais ou menos pela Europa ou para Nova Iorque, ou uma viagem incrível para o Nordeste do Brasil? Procure equilibrar as coisas para não se frustrar. Com tempo e perseverança, você chegará na viagem para a Europa, mas talvez essa não seja a primeira opção.

A Rampagem de Vida significa construir crescimento de forma consistente e pensando no horizonte a fim de evitar frustrações. Lembre-se: é importante celebrar todas as conquistas, das menores às maiores. Sem a menor, a gente não chega na maior. Por isso, todas são igualmente importantes!

Os benefícios de poupar para o futuro

Vivemos em uma época marcada pela cultura do imediatismo e do consumismo desenfreado. Somos constantemente bombardeados por apelos para gastar, comprar, satisfazer desejos instantaneamente. A mentalidade predominante é a de que "a vida é curta demais para adiar prazeres". Mas será que essa forma de pensar realmente nos traz felicidade e realização a longo prazo?

A verdade é que ficar preso na tirania do presente, sempre buscando gratificações imediatas, pode nos levar a um beco sem saída. Quando não conseguimos controlar nossos impulsos de consumo e vivemos no limite, ficamos vulneráveis a qualquer imprevisto. Uma emergência médica, uma perda de emprego ou até mesmo um conserto inesperado podem jogar nossas finanças no caos.

Além disso, viver sempre no "vermelho" nos impede de construir um futuro mais seguro e próspero. Sem reservas financeiras, não podemos aproveitar oportunidades que surgem, como fazer uma pós-graduação, trocar de carro, viajar ou até mesmo abrir o próprio negócio. Ficamos reféns do presente, sem margem para planejar e realizar sonhos.

Por isso é tão importante aprender a poupar e investir. Quando destinamos uma parte dos nossos rendimentos para o futuro, estamos, na verdade, nos dando um presente. Um presente de liberdade, segurança e tranquilidade. Quanto mais cedo começamos a poupar, mais rápido podemos colher os frutos dessa semente.

Ter uma reserva de emergência, por exemplo, nos dá a sensação de estarmos no controle da nossa vida. Sabemos que, mesmo que aconteça o inesperado, não precisaremos entrar em desespero. Poderemos enfrentar os desafios com calma e racionalidade.

Talvez o maior benefício de poupar seja a tranquilidade para a aposentadoria. Quanto mais cedo começarmos a nos planejar para esse momento, mais fácil será acumular o suficiente para desfrutar dessa fase da vida com segurança e conforto. Não precisaremos depender apenas da previdência social ou da ajuda de familiares.

Por outro lado,
o conhecimento
vai muito além da
mera informação.
Conhecimento
é o resultado da
compreensão e da
interpretação dos
dados que recebemos.
É construído a partir
de experiência, reflexão
e aprendizado ao
longo do tempo.

Claro, poupar não é fácil. Exige disciplina, foco e uma mudança de mentalidade. Mas é um hábito que vale a pena cultivar. Cada real poupado hoje será um aliado no futuro. Quanto mais conseguirmos adiar gratificações imediatas em prol de objetivos de longo prazo, mais livres e realizados poderemos ser.

Então, não tenha medo de se libertar da tirania do presente. Comece a poupar e investir, mesmo que de forma modesta. Você verá que, com o tempo, essa semente vai crescer e florescer em uma árvore frondosa, repleta de frutos maduros para colher. Sua recompensa será uma vida financeira mais tranquila, segura e próspera.

O PILAR DO CONHECIMENTO

O Triângulo da Produtividade tem um segundo pilar de sustentação, que considero tão importante quanto o pilar economia: o conhecimento. Investir em educação e qualificação profissional é um passo fundamental para a ação de acumular conhecimento. Quanto mais qualificados estivermos, mais estáveis poderemos ser nos nossos empregos e melhores serão as oportunidades que surgirão. Quando temos recursos para investir em nosso próprio desenvolvimento, abrimos portas para uma vida mais realizada e próspera.

E mais, é o conhecimento que vai garantir um nível de empregabilidade maior e mais duradouro e a possibilidade de ser reconhecido e promovido em sua carreira. Seu conhecimento também poderá ajudá-lo na Virada de Triângulo. Quantos executivos não se tornam consultores depois dos sessenta anos? É algo que somente o conhecimento pode oferecer a você.

Hoje em dia, no entanto, há uma confusão tremenda sobre o que é conhecimento causada pelas redes sociais, que disseminam informação abundante e constantemente. Dito isso, preste atenção: informação não é conhecimento. Para mim, conhecimento é a informação vivida na prática. A diferença entre informação e conhecimento é um tema fundamental, em especial em um mundo onde somos constantemente bombardeados por dados e fatos. Para entender essa distinção, é importante refletir sobre o que cada um desses conceitos realmente significa.[29]

A informação pode ser vista como um conjunto de dados organizados que possuem significado. Pense na informação como um construto em que os tijolos são fatos, estatísticas, notícias e tudo aquilo que pode ser comunicado ou recebido. Informação é essencial para nos manter a par do que acontece ao nosso redor, mas, por si só, é limitada. Pode ser efêmera e, muitas vezes, não nos ajuda a tomar decisões assertivas.

Por outro lado, o conhecimento vai muito além da mera informação. Conhecimento é o resultado da compreensão e da interpretação dos dados que recebemos. É construído a partir de experiência, reflexão e aprendizado ao longo do tempo.

É o que nos permite fazer conexões, tomar decisões e resolver problemas de maneira eficaz. Enquanto a informação pode ser facilmente compartilhada, o conhecimento é mais pessoal, refletindo a sabedoria e a experiência de cada indivíduo.

Para ilustrar essa diferença, imagine que você recebe uma estatística sobre a importância de se exercitar. Essa estatística é informação. No entanto, quando você reflete sobre como a prática de exercícios impactou sua vida, como melhorou sua saúde e seu bem-estar, isso se torna conhecimento. O conhecimento é duradouro e nos ajuda a agir de maneira mais consciente e eficaz.

Portanto, ao longo de nossa jornada profissional e pessoal, é essencial buscar informação e se esforçar para transformar essa informação em conhecimento. Isso nos permitirá tomar decisões de maior qualidade. Ao cultivar o conhecimento, estamos investindo em nós mesmos e em nosso futuro. Gosto muito dessa explicação do historiador, e um dos escritores mais populares da atualidade, Yuval Harari:

> Informação não é conhecimento. A maior parte da informação é lixo. Conhecimento é um tipo raro e caro de informação. (...) Podemos comparar informação com comida. Há cem anos, a comida era escassa. Então os humanos comiam qualquer coisa que encontrassem, gostavam especialmente de comida com muita gordura e açúcar. Hoje, a comida é abundante, e somos inundados por "comida lixo", artificialmente rica em gordura e açúcar. Se as pessoas comem muito livro, ficam doentes. O mesmo vale para a informação, que é o alimento da mente. Estamos inundados por muita informação lixo. A informação lixo é artificialmente cheia de ganância, ódio e medo — coisas que atraem nossa atenção. Toda essa informação lixo deixa nossas mentes e sociedades doentes. Precisamos de uma dieta de informação.[30]

Os jovens chegam ao mercado de trabalho com muita informação e repertório teórico, mas pouco pacientes para conquistar esse conhecimento prático, que seria possível adquirir se fossem mais resilientes no dia a dia em um emprego que sempre terá momentos chatos e desgastantes — mesmo quando fazemos algo de que gostamos. A quantidade de informação que eles possuem ou conseguem acessar em pouco tempo precisa ser traduzida em prática. Mas esse conhecimento só será consolidado com a experiência. E, para isso, é necessário ter paciência e entender que não há atalhos no caminho. É preciso encarar os desafios.

O conhecimento se consolida quando levamos o tempo necessário para aprender as coisas, e isso demanda, em muitos casos, trabalho repetitivo. Demanda errar e consertar, demanda receber feedback. Ou seja, o conhecimento é uma teoria que é testada diversas vezes na prática e exige, principalmente, que afastemos as frustrações ao longo do caminho e não desistamos. A frustração sempre vai existir, mas precisamos aprender a manejá-la.

Um empregador vai contratar e mantê-lo no cargo por conta do conhecimento que você tem sobre determinado assunto ou área. É o conhecimento específico que gerará remuneração e promoção no Triângulo da Produtividade.

É claro que, se faço algo de que gosto, o tema me atrai e aprendo mais rapidamente. Por outro lado, se focar só a parte de que gosto, eu talvez não consiga evoluir o necessário para prosperar na vida profissional e, consequentemente, financeira. Mas lembre-se: em qualquer trabalho, mesmo naquele que você amar, haverá uma proporção de tarefas ou rotinas as quais não gostará de fazer. Isso é absolutamente normal.

Costumo pensar o conhecimento imaginando exemplos práticos. Um pedreiro só saberá fazer uma parede depois que fizer algumas. É claro que ele pode assistir a um vídeo no YouTube e aprender a fazer qualquer coisa, inclusive uma parede. Mas alguns saberes precisam ter a consistência da teoria e da experiência prática. É na união desses dois vetores que conquistamos o conhecimento sobre determinado assunto.

Que tipo de médico vai realizar sua cirurgia? Uma pessoa que acabou de entrar na faculdade, uma pessoa que está na residência ou alguém que já tenha feito várias cirurgias do mesmo tipo? Não podemos achar que, só pelo simples fato de todos nós termos acesso a diversas informações (seja em texto, seja em vídeo) nas redes sociais, estamos aptos para afirmar que temos conhecimento sobre aquele assunto. Podemos ter informação, mas conhecimento é diferente. Não podemos acreditar que o conhecimento vem de uma simples "googleada".

Em 2000, decidi procurar um profissional para me ajudar a revisar minha carreira. Já era diretor e ganhava muito bem, mas meu plano de carreira até então era justamente chegar a diretor, e isto já tinha alcançado — e com apenas 35 anos. Comecei a me perguntar o que fazer a partir daí. Por fim, procurei ajuda.

Depois de testes, análises de histórico profissional e de personalidade, foi constatado que meu perfil natural era da área comercial — na época, eu era diretor industrial. Meu perfil era muito mais de vendas do que de fábrica, portanto, se eu tivesse desenvolvido a carreira pela área comercial, poderia ter ido mais longe. Mas isso não vamos saber nunca. Essa percepção caiu como uma bomba sobre minha cabeça.

O resumo final apontou que eu tinha um excelente currículo e perfil, e que eu poderia me tornar presidente ou CEO (Chief Executive Officer) de uma grande empresa. Porém, necessitava ter mais conhecimento em três áreas para me aprimorar e ter chance de chegar a este cargo: networking, um MBA e experiência na área comercial.

Quando entendi os motivos, comprei a ideia. Fez muito sentido! Mas me vi numa situação delicada: por que o presidente da empresa iria trocar um excelente diretor industrial, como eu era na época, e entregar o cargo de diretor comercial para mim, sem que eu tivesse experiência na área comercial, que é uma área nobre e estratégica? Como convencê-lo?

Depois desse desafio, comecei a me movimentar para colocar as metas em prática, pois sabia que esse processo seria algo de médio e longo prazo. Comecei a circular mais para conhecer pessoas novas e expandir minha rede de contatos. Eu já tinha a área de compras como responsabilidade, que, por si só, aumenta muito sua exposição fora da empresa e serve como excelente ferramenta de networking.

Consegui resolver o MBA de modo rápido, felizmente. Escolhi três opções seniores, indicadas para pessoas com meu cargo, e as analisei por algum tempo. Não foi fácil a escolha, porque a pessoa que estava me assessorando me disse que eu precisava fazer um MBA sênior, que achei muito, mas muito caro mesmo! Mas era um MBA de gestão internacional e focado em diretores e vice-presidentes. Achei um absurdo o investimento, mas ela disse que eu precisava fazer precisamente aquele, porque era para meu nível hierárquico. Além de caro, era superconcorrido. Para se ter uma ideia, eram 35 vagas para 720 candidatos! Quase não fiz. Mas tive o apoio de minha esposa (outra pessoa muito importante na minha vida) e devo agradecê-la sempre. Ela disse: "Você não tem o dinheiro? Não é importante para você? Pois então faça que eu te apoio."

Esse MBA se tornou um investimento maravilhoso! Foi um ativo com retorno importante de carreira e investimento.

Com MBA e networking acontecendo, passei a pesquisar formas de conquistar essa experiência na área de vendas dentro da empresa. Foi então que arquitetei uma estratégia que se mostrou bem-sucedida. A Sherwin-Williams tinha comprado, cinco anos antes, uma fábrica em Caxias do Sul de tinta eletrostática (tinta em pó), e essa fábrica nunca tinha dado lucro. Pelo contrário, só prejuízo. Como estava pedindo uma experiência na área comercial, meu chefe decidiu me dar este pequeno negócio para ver se eu "sossegava". "Vou dar um projeto difícil para ele virar. Ninguém conseguiu virar até hoje, vamos ver se ele consegue", deve ter pensado.

E eu virei. Mudei o foco da produção. Em vez de concorrer com a maior fábrica do segmento, que tinha uma escala de produção maior que a nossa e, consequentemente, preços mais acessíveis para o cliente, pensei numa nova estratégia: e se eu parar de concorrer com eles? Como a fábrica era pequena, poderíamos focar em produzir especialidade, ou seja, tintas de cores variadas. Para eles, isso seria difícil, pois a fábrica é grande e não comporta pequenas quantidades pela dificuldade dos diversos setups. Mas, para nós, seria viável, pois nossa fábrica é menor e pode produzir em quantidades menores.

Decidi operar apenas em nichos, ou seja, nas cores especiais, e sair das commodities, que seria o branco, preto etc. Com essa virada, atingi uma clientela diferente e pude aumentar o preço, aumentando a margem do produto. Já no primeiro ano, saímos do vermelho e nos tornamos lucrativos.

Por conta disso tudo, a presidência da América Latina do grupo viu em mim a pessoa ideal para assumir os negócios da empresa no México, cuja operação estava dando prejuízo. BINGO! Virei presidente da unidade mexicana graças à minha amada esposa, que me empurrou para a frente, e à ajuda profissional que eu tive na revisão da minha carreira. Se eu tivesse me acomodado e não tivesse investido tempo e dinheiro no meu futuro, estou seguro de que nunca teria chegado ao cargo de presidente.

Modéstia à parte, foi nessa época que mais gerei resultado. Adorava cuidar da empresa como um todo e adorava cuidar da área comercial. Fui presidente da Sherwin-Williams no México e consegui resultados muito bons!

Ou seja, minha esposa e meu assessor tinham toda a razão!

Espaços de prazer e lazer

Sei que o que afirmo neste livro não é "gostosinho" de escutar nem de colocar em prática. Seria muito melhor se as coisas fossem mais simples, se o reconhecimento viesse mais rápido e que fosse mais fácil enriquecer. Mas, infelizmente, não é. Acredito que seja importante todos nós aprendermos a lidar com as frustrações e com as expectativas que foram geradas e que nem sempre são concretizadas. Por isso, precisamos ter disciplina e obstinação para colocar em prática a Regra dos 25% e acumular conhecimento a fim de passar pela Virada do Triângulo sem preocupações.

Em relação ao conhecimento, é interessante, também, reservar tempo para se dedicar a hobbies e momentos de lazer. Pergunte-se: "Quais são as coisas que me dão prazer?", "Que coisas eu amo fazer?", "Que tipo de coisa eu faço e nem percebo que fiquei horas fazendo?". Será tocar um instrumento, praticar um esporte, desenhar, escrever? É essencial ter esses momentos para desestressar e para saber o que você ama fazer quando a Virada do Triângulo chegar.

Estou indo para o caminho certo?

Você pode estar se perguntando: como saber se estou indo para o caminho certo? Meu Triângulo da Produtividade está crescendo de forma consistente e robusta? Na verdade, você não sabe, e eu também não tenho essa resposta para lhe dar. Mas, se você começar a identificar ganhos no processo, os pequenos ganhos, isso significa que está no caminho certo. Pode não acertar todas, mas está no caminho certo.

Então, se todo mês você guarda seus 25% e está constantemente investindo na sua formação, esse é um ótimo indício de que está caminhando com consistência para uma Virada do Triângulo segura.

Algumas ideias que circulam no ambiente profissional atualmente ajudaram a criar expectativas com as quais os jovens estão precisando lidar. Cito duas delas: é preciso amar o que se faz, e empreender é a solução do momento. Jovens inexperientes foram muito impactados por essas quase crenças e acabaram embarcando nessa "viagem", sem conhecer a viabilidade dessas ideias. É como eu sempre digo: é preciso aterrissar e colocar os pés no chão. Ou seja, é preciso repensar e redimensionar essas ideias prontas para a aplicação do Triângulo da Produtividade ser eficaz, para que você consiga implementar corretamente a Regra dos 25% e buscar o conhecimento certo para acumular.

Repensando a ideia de "eu preciso amar o que faço"

É necessário entender que, na Fase do Ter e no contexto do Triângulo da Produtividade, nem sempre você vai trabalhar com algo que ama. É maravilhoso quando isso acontece, mas, mesmo quando você gostar muito do que estiver fazendo, haverá partes chatas do trabalho que precisarão ser executadas.

Eu, por exemplo, sempre adorei meu trabalho. Adorava lidar com as pessoas, ser desafiado e inspirado por elas, mas odiava fazer relatórios. Era uma parte absurdamente chata do trabalho. Como eu lidava com isso? Fazia o relatório antes de tudo, tirava o problema da frente. Não eram relatórios ótimos, eram medianos, e eu tinha ciência disso. Por isso mesmo, eu compensava em outras coisas, em que eu sabia que era bom. Essa é uma dica que deixo aqui: saiba definir em que você é bom, em que é mediano e em que é ruim e faça compensações.

Em minha concepção, não existe uma profissão 100% legal. Se você estiver em uma carreira ou em um emprego de que gosta pela metade, já será ótimo! Se você estiver em algo de que gosta em 70% dos momentos, considerarei um sucesso total.

Sei que o estou provocando a pensar de uma forma diferente e estou indo na contramão de tudo o que dizem hoje em dia. Mas realmente não acho fundamental gostar do que se faz estando ainda no Triângulo da Produtividade. Gostar do que se faz é a prioridade do Triângulo da Serenidade, ou Triângulo do Ser, como veremos no próximo capítulo.

Então, proponho que reflitamos sobre esse processo e diminuamos a expectativa que temos em relação ao trabalho. Desromantizar o ambiente de trabalho é um passo importante para criar uma cultura profissional mais realista e saudável. É essencial que jovens millennials e da geração Z compreendam que, embora o trabalho possa ser gratificante, também pode incluir tarefas e situações que não são agradáveis.

Desromantizar o ambiente de trabalho não significa desencorajar os jovens, mas sim prepará-los para uma experiência profissional mais equilibrada e realista. Ao entender que o trabalho envolve tanto aspectos positivos quanto negativos, conseguimos desenvolver uma visão mais saudável e resiliente sobre nossas carreiras. Essa abordagem não apenas os ajudará a lidar melhor com os desafios, mas também a encontrar satisfação nas pequenas vitórias do dia a dia.

Vale mesmo a pena empreender?

Algo muito presente também nessas novas gerações é a vontade de empreender. Considero legítima essa vontade, mas empreender é muito difícil. Muitos empreendem sem ter experiência de negócios, empreendem porque "não querem ter chefe", "quero ganhar dinheiro rápido" etc. Mas não é assim que funciona. A onda empreendedora que se espalhou entre millennials e geração Z tem gerado um impacto significativo, tanto positivo quanto negativo. Mas é importante desmistificar o empreendedorismo, reconhecendo que, embora seja uma escolha atraente, também apresenta desafios e limitações.

Pesquisas indicam que 50% dos jovens dessas gerações aspiram a abrir seus próprios negócios, buscando independência financeira. São frequentemente caracterizados por sua criatividade, conectividade e uma mentalidade inovadora, o que os torna aptos a explorar novas oportunidades de mercado. Além disso, a preocupação com a sustentabilidade e a responsabilidade social é uma prioridade para muitos desses jovens empreendedores, que buscam não apenas lucro, mas também impactar positivamente suas comunidades.[31]

Por outro lado, os desafios do empreendedorismo são inúmeros. A dependência excessiva da tecnologia e a baixa tolerância à frustração são características que podem dificultar a resiliência necessária para enfrentar os desafios do mercado. A geração Z, por exemplo, muitas vezes apresenta lacunas em habilidades interpessoais, como comunicação e trabalho em equipe, cruciais para o sucesso empresarial. Além disso, muitos jovens que entraram no mercado de trabalho durante a pandemia enfrentaram falta de experiências práticas, o que pode levar a frustração e esgotamento.[31]

Outro aspecto a ser considerado é a romantização do empreendedorismo. A ideia de que ser empreendedor é sinônimo de liberdade e sucesso imediato pode levar a desilusões. A realidade é que muitos empreendedores enfrentam longas horas de trabalho, incertezas financeiras e a pressão constante para inovar e se adaptar. Essa visão idealizada pode desencorajar aqueles que não estão preparados para os desafios reais que o empreendedorismo implica.

A maioria dos donos de negócios que conheço trabalham muito mais do que a maioria dos empregados. Sem contar que, de cada dez empresas que são abertas, nove fecham depois de algum tempo.

Refletir, pesquisar muito e conversar bastante sobre as dificuldades de ser empreendedor no Brasil é fundamental para tomar uma decisão madura.

Investindo o dinheiro

A prudência nos investimentos pessoais é uma virtude essencial para aplicar a Regra dos 25%. Quando falamos sobre a construção de um patrimônio consistente, a ideia de que o tempo é o maior aliado se torna central. Investimentos que podem parecer modestos no início têm o potencial de crescer exponencialmente ao longo dos anos, especialmente quando consideramos o efeito dos juros compostos. Quanto mais cedo você começa a investir, mais tempo seu dinheiro tem para crescer, o que é um dos pilares da educação financeira.

Ser prudente significa adotar uma abordagem cautelosa e informada ao investir. Isso envolve diversificar suas aplicações e entender o perfil de risco de cada investimento. A prudência ajuda a evitar decisões impulsivas que podem resultar em perdas significativas. Investimentos orientados para o longo prazo permitem suportar as flutuações do mercado e manter-se fiel ao plano inicial.

A prudência também se traduz em disciplina: fazer aportes regulares, mesmo em tempos de incerteza, e cultivar hábitos financeiros saudáveis para manter o foco nos objetivos. A combinação de prudência e tempo resulta em crescimento estável e consistente do patrimônio. Investidores que adotam essa abordagem tendem a evitar erros comuns, como tentar "cronometrar" o mercado ou seguir modismos financeiros. Em vez disso, eles se concentram em construir uma base sólida que pode resistir a tempestades econômicas.

Além disso, a prudência promove uma mentalidade de aprendizado contínuo. Ao estudar e entender melhor o mercado, os investidores prudentes são mais capazes de tomar decisões informadas e adaptáveis, ajustando suas estratégias conforme necessário, mas sempre com uma visão de longo prazo. Em suma, a prudência nos investimentos pessoais é fundamental para construir um patrimônio consistente. Ao adotar uma abordagem prudente, você protege seu capital e estabelece um caminho sólido para o futuro financeiro. Essa combinação de prudência e paciência é a chave para alcançar a segurança e a liberdade financeira ao longo da vida.

Finalmente, é preciso ter atenção ao cartão de crédito, que pode ser um dos maiores vilões da estabilidade financeira. Nesse aspecto, sou até radical. Se você tem dificuldade para usar o cartão de crédito, não use. Ao utilizá-lo, é fundamental adotar práticas que ajudem a evitar o endividamento e a manter a saúde financeira. Primeiramente, é importante estabelecer limites e controlar os gastos. Defina um valor mensal que você pode gastar sem comprometer seu orçamento; isso o ajudará a evitar compras impulsivas. Limitar-se a um único cartão de crédito também facilita o controle dos gastos e reduz o risco de acumular dívidas em múltiplos cartões. E, se possível, coloque o pagamento do cartão em débito automático, assim você nunca vai pagar juros sobre as faturas.

O ideal é pagar sempre o valor total da fatura, evitando encargos desnecessários. Ademais, esteja atento ao valor da anuidade do cartão; existem opções sem anuidade que podem ser mais vantajosas.

Uma história bem-sucedida

Gosto muito de compartilhar a história do Basílio, um jovem que trabalhou por oito anos na Sherwin-Williams e a cujo desenvolvimento e amadurecimento profissional tive a oportunidade de assistir. Ele é um millennial nascido em 1990 em uma família humilde de São José dos Campos, cidade onde moro há muitos anos também. Para mim, Basílio é uma referência de paciência, resiliência e obstinação.

Seus pais tinham um mercadinho de bairro onde ele começou a trabalhar ainda novo. Aos 7 anos ele já ajudava na padaria e, às vezes, ficava até no caixa. Ao mesmo tempo, desde pequeno, sempre gostou de estudar e sempre teve uma vontade enorme de conquistar as coisas muito rapidamente.

Quando terminou o ensino médio, cismou que entraria na Fundação Getulio Vargas (FGV), referência na área de Administração de Empresas em São Paulo. Mas, na época, o curso era caríssimo, e ele não tinha condições de arcar com as mensalidades. Mesmo assim, estudou, passou no vestibular e iniciou os estudos confiante de que conseguiria uma bolsa integral.

Ele não só conseguiu e manteve a bolsa integral por todo o curso com muito custo — considerando que sua média mínima deveria ser 7,5, uma nota alta e difícil numa instituição como a FGV — como também conseguiu um empréstimo da faculdade que garantia a ele um valor mensal para pagar os custos com moradia (precisou se mudar para São Paulo), alimentação e transporte.

Durante os cinco primeiros semestres, o curso era integral. Depois desse período, Basílio conseguiu um estágio na Unilever. Lembro-me de ele contar: "Já entrei com aquela gana, né? Ansioso para crescer na carreira, pois finalmente eu tinha conseguido entrar numa empresa grande, achando que sabia mais do que todo mundo, que poderia fazer mais do que todo mundo e ser reconhecido e promovido rapidamente. Então, me deparei com um mundo corporativo e tradicional e entendi que eu era só um estagiário que estava ali para atualizar planilha".

Ele se destacou em pouco tempo dentro da Unilever. Mas um amigo abriu uma startup e, com a vontade e a ansiedade de crescer rapidamente, o que ele fez? Largou o estágio na Unilever no sexto mês e foi trabalhar com o amigo. A startup fechou em seis meses, e ele ficou desempregado. "Foi uma loucura o que eu fiz! Eu tinha uma dívida de 250 mil reais com a faculdade por conta do empréstimo que tinha feito. Não tinha como ficar desempregado. Entrei em desespero. Em seguida, consegui uma vaga numa consultoria de um ex-professor meu da época, mas não era o que eu queria."

Poucos meses depois, a mãe de uma amiga do Basílio me pediu ajuda. Fiz o que sempre faço: pego o currículo e coloco na pilha do RH, sem interferir na seleção. Basílio passou no processo seletivo e começou a trabalhar na Sherwin-Williams em 2011. Foi aí que começamos a conversar mais, não só por causa do trabalho, mas porque, às vezes, eu dava carona para ele voltar para casa, em São José.

Nesses momentos, conversávamos muito e lembro que ele ficava muito atento a tudo o que eu dizia. Eu dava muitas dicas de negociação, conversava com ele sobre conceitos técnicos e, principalmente, mostrava que ter paciência e resiliência o levaria longe. Foi muito gratificante ouvi-lo me contar que nossas conversas surtiram efeito em sua carreira e em sua vida, pois eu estava falando que ele teria resultados consistentes se colocasse em prática a Ferramenta dos Dois Triângulos. Na época, eu ainda não tinha sistematizado essa ferramenta nem tinha lhe dado um nome, mas já tinha o conceito e as regras comigo, que eram coisas que eu colocava em prática em minha própria vida e compartilhava com Basílio. Para esse livro, conversei com ele, e ele me mandou o seguinte depoimento:

> Nos momentos em que eu me sentia muito estressado e com vontade de procurar outro emprego, Heverton conversava comigo e me dizia que mudar de emprego nem sempre é a melhor solução. Eram realmente momentos de mentoria que foram muito importantes para eu desenvolver e amadurecer minha carreira, e são conselhos que uso até hoje. Muito por conta do Heverton, me mantive na Sherwin-Williams por 8 anos, entrei em 2011 e saí em 2019. E foi uma verdadeira escola, pois passei por vários departamentos, tive muitas experiências importantes e consegui entender a engrenagem de uma empresa grande — algo que só o tempo oferece. Entendi que pular de galho em galho nem sempre é a melhor escolha. Então, por mais que você possa ganhar em promoções pulando daqui para lá, o Heverton me fez enxergar que é no longo prazo que você aumenta sua chance de crescer na carreira.

Hoje, Basílio está super feliz. Ele mora nos Estados Unidos, trabalha em uma empresa da indústria farmacêutica e é diretor do departamento de Business Analytics. Acredito que sua história seja um exemplo muito interessante da importância da consistência, do conhecimento e da economia para construir uma carreira sólida e de sucesso.

CAPÍTULO 7

O TRIÂNGULO DA SERENIDADE: A FASE DO SER

Durante a Fase do Ser, experimentamos uma mudança significativa em nossa energia física, que é a base do Triângulo da Produtividade. Embora possamos nos sentir menos dispostos fisicamente, essa aparente limitação é amplamente compensada por elementos valiosos: vasto conhecimento, experiências vividas e, frequentemente, mais tempo livre para aproveitar a vida.

A vida é uma jornada fascinante e desafiadora. Cada fase tem propósitos específicos e demandam de nós ações que nos levem a esses propósitos. Como vimos, imagino as Fases do Ter e do Ser como dois triângulos. Na Fase do Ter, que corresponde à maior parte de nossa existência, nos dedicamos a montar o Triângulo da Produtividade. Nesse período, que geralmente se estende até os 60 ou 65 anos, o foco principal está em construir carreira, formar família e acumular patrimônio. É uma época de intensa atividade, aprendizado e acumulação, não apenas de bens materiais, mas também de experiências e conhecimentos determinantes.

Entre os 60 e 65 anos, algo extraordinário acontece: a Virada do Triângulo. Essa virada marca o início da Fase do Ser, em que aplicamos o Triângulo da Serenidade. Se o Triângulo da Produtividade era formado pela base "energia" física e apontava para cima com os lados "economia" e "conhecimento", o Triângulo da Serenidade é formado por dois lados — "corpo e mente" e "fazer algo que ame" — que partem de um ponto único e se expandem para o platô "tranquilidade e felicidade".

Durante a Fase do Ser, experimentamos uma mudança significativa em nossa energia física, que é a base do Triângulo da Produtividade. Embora possamos nos sentir menos dispostos fisicamente, essa aparente limitação é amplamente compensada por elementos valiosos: vasto conhecimento, experiências vividas e, frequentemente, mais tempo livre para aproveitar a vida.

A qualidade da Fase do Ser depende diretamente de como vivemos a Fase do Ter. Cada esforço, cada aprendizado, cada conquista durante a primeira metade da vida adulta contribui para uma transição suave e gratificante para a segunda metade. Portanto, a construção do Triângulo da Produtividade é fundamental para que você faça a Virada do Triângulo com segurança.

Dessa forma, ao chegar aos 60 ou 65 anos, você tem a oportunidade de viver a segunda metade da vida adulta com condições de manter a qualidade de vida conquistada ao longo das décadas. Então, você entra na Fase do Ser, em que não precisa mais atender a demandas de outras pessoas (chefes ou filhos, por exemplo), e começa a montar o Triângulo da Serenidade.

A Fase do Ter nos prepara para abraçar plenamente a Fase do Ser, em que podemos viver a paz da realização pessoal. Cada fase da vida tem seu valor e suas lições. Ao compreender esse processo natural de transformação, podemos não apenas aceitar o envelhecimento, por exemplo, mas celebrá-lo como uma nova e emocionante etapa da vida, repleta de possibilidades e descobertas.

Com a independência financeira adquirida aplicando o Triângulo da Produtividade na Fase do Ter e com os filhos já crescidos, a Fase do Ser torna-se o momento de viver uma vida útil, mas com menos estresse e fazendo coisas que você verdadeiramente ama, até para tornar a vida mais saudável e longeva.

Com a independência financeira adquirida aplicando o Triângulo da Produtividade na Fase do Ter e com os filhos já crescidos, a Fase do Ser torna-se o momento de viver uma vida útil, mas com menos estresse e fazendo coisas que você verdadeiramente ama, até para tornar a vida mais saudável e longeva.

Para tanto, é hora de aplicar o Triângulo da Serenidade. Conheça agora mais detalhadamente a composição deste triângulo:

[Triângulo invertido: Felicidade/Ser]

SENTIR TRANQUILIDADE E FELICIDADE

Quando comecei a tentar entender o Triângulo do Ser, eu perguntava para as pessoas o que elas fariam quando se aposentassem. A maioria maciça dizia que iria viajar. Eu achava curiosa aquela resposta e me perguntava: "Será que é viajar mesmo?" Me perguntei isso porque, quando fiz 25 anos de casado, decidimos — eu e minha esposa — fazer uma viagem para a Itália e ficamos três semanas conhecendo o país. Uma viagem maravilhosa. Porém, na terceira semana, quando estávamos na zona Amalfitana, um lugar muito lindo, me lembro de começar a pensar muito em arroz e feijão, na minha cama e na minha casa.

Na minha opinião, quando a gente viaja, sem dúvida aumentamos o tempo em estado de felicidade: saímos da rotina, nos divertimos, comemos fora... porém, não tenho certeza se isso, intensivamente, gera felicidade. Talvez, em determinado momento, pode acabar caindo na mesmice. Com base nisso, eu tomo a liberdade de dizer que, quando as pessoas respondem "eu vou viajar", na verdade, estão respondendo: "Eu quero ter o maior tempo possível em estado de tranquilidade e felicidade".

Para atingir esse estado, percebi que a independência financeira é fundamental, pois nos liberta de preocupações constantes sobre o futuro, permitindo que nos concentremos em nosso crescimento pessoal. Por isso, aplicar o Triângulo da Produtividade na Fase do Ter é tão importante, pois é com ele que você construirá a base sólida que lhe permitirá estar pleno na Fase do Ser.

Infelizmente, não são poucas as histórias tristes que tenho escutado de contemporâneos meus. A situação das pessoas com mais de sessenta anos no Brasil é marcada por desafios financeiros, problemas de saúde mental e solidão, que se entrelaçam e afetam a qualidade de vida dessa população. Com o aumento da expectativa de vida, o Brasil enfrenta um envelhecimento populacional significativo, o que torna urgente pensar em projetos para essa faixa etária.

Os idosos brasileiros enfrentam um alarmante cenário de endividamento: quase um terço da população nessa faixa etária está endividada e com o nome no Serviço de Proteção ao Crédito, o malfalado SPC, um número que supera o de outras faixas etárias.[32] Esse endividamento é frequentemente impulsionado pela vulnerabilidade financeira, causada por comprometimento de parte significativa da renda com empréstimos, especialmente o crédito consignado, e, por consequência, com dívidas — embora aparentemente acessível, pode levar a situações de superendividamento. A carência de educação financeira na Fase do Ter é um fator crítico que contribui para essa situação. Muitos idosos não possuem as habilidades necessárias para gerenciar suas finanças de maneira eficaz, o que os torna alvos fáceis para práticas financeiras agressivas.

À medida que envelhecemos, podemos nos tornar menos pacientes e até um pouco irritadiços — afinal, já vivenciamos muita coisa. Então, é crucial termos o poder de escolha nesta segunda metade da vida adulta. Devemos nos concentrar em atividades que nos trazem prazer e dão sentido a esse novo momento, priorizando o que realmente importa.

Cheguei a essa conclusão na prática. No final de minha carreira na Sherwin-Williams, eu estava bastante cansado. Foram anos muito intensos e de muito trabalho. Lembro que, domingo à noite, quando ouvia a música do Fantástico, eu já sabia que teria de levantar às cinco da manhã para pegar um avião, e eu não queria mais aquela rotina. Sempre amei a rotina, mas percebi que estava atingindo meu limite e que estava chegando a hora de mudar de ambiente. Na Fase do Ser, a ideia é não ter esse tipo de tensão, por isso aplicamos o Triângulo da Serenidade.

Reflexões sobre tranquilidade e felicidade

A tranquilidade e a felicidade são essenciais para uma vida plena e significativa na Fase do Ser. À medida que envelhecemos, é natural que surjam desafios e mudanças em nosso corpo e mente, mas é justamente nesse momento que encontrar paz interior e alegria pode transformar completamente a forma como vivemos essa fase da vida.

A tranquilidade nos ajuda a lidar com as adversidades de modo mais sereno. Reduzir o estresse e a ansiedade é fundamental para manter a saúde mental e física em equilíbrio. Quando cultivamos a calma em nosso dia a dia, nos tornamos mais capazes de enfrentar os desafios que a idade pode trazer, desde problemas de saúde até mudanças nas relações pessoais. A tranquilidade também nos proporciona momentos de introspecção e paz, que são vitais para o autocuidado e para a apreciação das pequenas e grandes coisas que fazem a vida valer a pena.

Além disso, a felicidade é um combustível poderoso na terceira idade. Estar próximo de quem amamos, ter atividades prazerosas e manter uma atitude positiva perante a vida são fatores que aumentam nosso bem-estar. A felicidade também está profundamente ligada ao propósito. Mesmo após anos de trabalho e criação de filhos, podemos continuar a encontrar sentido na vida, seja através de hobbies, atividades voluntárias, espiritualidade ou transmitindo nossa sabedoria para as novas gerações.

Portanto, investir em tranquilidade e buscar felicidade são passos fundamentais para envelhecer de forma plena. Essa fase da vida pode e deve ser vivida com leveza, alegria e propósito. Aceitar as mudanças com serenidade e focar o que realmente nos faz bem é a chave para garantir dias mais harmoniosos e felizes na Fase do Ser.

FAZER O QUE AMA (DE PREFERÊNCIA, AJUDANDO O PRÓXIMO)

No Triângulo da Serenidade, a ideia é poder escolher fazer o que você ama. Isso pode significar mudar de carreira, simplesmente parar de trabalhar ou se dedicar a projetos pessoais que sempre sonhou realizar. Depois de ser bem-sucedido na Fase do Ter, na Fase do Ser você não precisa mais provar nada a ninguém, graças à sabedoria adquirida com o acúmulo de conhecimento e experiência até a Virada do Triângulo. No fim, o que você conquista é a liberdade de fazer escolhas conscientes que lhe permitam estar na Fase do Ser verdadeiramente feliz e realizado, dedicando-se àquilo que lhe traz alegria e paz interior.

A solidão é uma questão crítica que afeta a qualidade de vida dos idosos no Brasil. A falta de interação social pode levar a um círculo vicioso de isolamento, que, por sua vez, agrava problemas de saúde mental e física. Dados indicam[33] que muitos idosos vivem sozinhos, e a ausência de familiares ou amigos próximos pode intensificar a sensação de abandono e desamparo.

Mas é possível viver uma vida útil e continuar convivendo em comunidade na Fase do Ser por meio da ajuda ao próximo e do cultivo de relacionamentos significativos, seja doando seu tempo, seja compartilhando o conhecimento acumulado na Fase do Ter. É o que chamo de doação.

No meu caso, estou praticando a doação por meio da escrita deste livro e da oportunidade de oferecer palestras para jovens sobre desenvolvimento pessoal e profissional. É extremamente gratificante poder compartilhar conhecimentos que auxiliam as novas gerações em suas jornadas. É assim também que atinjo o estado de felicidade, que é um dos meus objetivos de vida.

Enquanto estamos neste mundo, temos a oportunidade de conhecer muitas pessoas e estabelecer diversos níveis de relacionamento. Isso acontece tanto na vida profissional quanto na vida afetiva. Vivemos em comunidade, usufruindo da rede familiar, fraternal e profissional que construímos. Mas não basta construir essa rede, é preciso também cultivá-la, ou seja, cuidar para que esses relacionamentos sejam saudáveis, baseados em mutualidade de sentimentos e que agreguem valor à sua vida. Para tanto, uma boa dose de doação é necessária.

Demonstrar gratidão também é uma forma de doação, pois significa deslocar a atenção de si e voltar-se ao outro.

A gratidão no âmbito da liderança

Gratidão é um sentimento nobre que surge quando reconhecemos o valor de uma ação positiva direcionada a nós. É uma resposta emocional a um ato de bondade, ajuda ou proteção. No contexto da liderança, a gratidão desempenha um papel fundamental. Mas por que é tão crucial? Primeiramente, o nível de gratidão que sua equipe sente por você é um termômetro da eficácia de sua liderança. Além disso, quando as pessoas são gratas a você, significa que estão alinhadas com seus objetivos e se sentem valorizadas.

Entretanto, suas ações não devem ser motivadas pela expectativa de gratidão. A verdadeira liderança implica em agir da maneira certa, independentemente do reconhecimento imediato. Existem desafios à expressão da gratidão que devemos reconhecer. Algumas pessoas podem não expressar gratidão devido a traços egoístas, enquanto outras podem enxergar suas ações como obrigação e não como atos de bondade.

Minha recomendação principal é sempre agir de coração, sem se preocupar com a reação imediata dos outros. A gratidão funciona como uma via de mão dupla. Como líder, perceber um fluxo positivo de gratidão de sua equipe valida sua abordagem de liderança. Como indivíduo, ao receber atos de bondade, você experimenta um aumento na autoestima e um senso de valorização.

Existem várias formas de expressar gratidão. Você pode sorrir e agradecer verbalmente, oferecer um gesto concreto de apreciação, como um presente, ou reconhecer publicamente a contribuição da pessoa. Lembre-se de que mesmo pessoas aparentemente duras ou egoístas são capazes de sentir gratidão, ainda que em menor grau. A consistência em suas ações positivas pode, eventualmente, criar um ambiente de reconhecimento mútuo.

A gratidão é uma força poderosa que fortalece relacionamentos, melhora o ambiente de trabalho e valida a sua eficácia como líder. Ao cultivá-la em si mesmo e inspirá-la nos outros por meio de ações consistentes e genuínas, você cria um círculo virtuoso de positividade e reconhecimento. Este círculo melhora o desempenho da equipe e contribui para um ambiente de trabalho mais harmonioso e produtivo.

Quando praticamos a gratidão regularmente, começamos a notar mudanças significativas em nossa perspectiva. Passamos a valorizar mais as pequenas coisas e reconhecer o esforço dos outros. Isso não só nos torna líderes melhores, mas também pessoas mais felizes e realizadas.

Em suma, a gratidão é muito mais do que um simples "obrigado". É uma atitude, uma forma de ver o mundo e interagir com as pessoas ao nosso redor. Como líderes, temos a responsabilidade de cultivar essa atitude em nós mesmos e em nossas equipes. Ao fazermos isso, não apenas melhoramos nosso ambiente de trabalho, mas também contribuímos para uma sociedade mais gentil e colaborativa.

Lembre-se: a gratidão começa com você. Pratique-a diariamente, reconheça o valor das pessoas ao seu redor e veja como isso transforma sua liderança e sua vida. A jornada para se tornar um líder mais eficaz e uma pessoa mais realizada começa com um simples ato de reconhecimento. Comece hoje e veja a diferença que a gratidão pode fazer em sua vida e na vida daqueles ao seu redor.

CORPO E MENTE: SAÚDE FÍSICA E MENTAL EQUIVALEM A UMA VIDA TRANQUILA

No Triângulo da Serenidade, é crucial cuidar da saúde física. Embora manter bons hábitos desde cedo seja ideal, nunca é tarde para começar. Pessoalmente, adotei uma rotina de exercícios físicos que pratico de cinco a seis vezes por semana. Esse compromisso fortalece meu corpo e expande e solidifica meu platô "tranquilidade e felicidade", proporcionando melhor qualidade de vida para aproveitar plenamente a Fase do Ser.

Ademais, é essencial manter uma alimentação saudável. Isso não significa que você vai deixar de consumir iguarias, pratos e bebidas das quais goste, só será necessário fazê-lo com moderação. Conforme envelhecemos, o corpo muda a maneira de reagir aos alimentos que ingerimos. O metabolismo muda, assim como as taxas hormonais. Então, o ideal na segunda metade da vida adulta é buscar o equilíbrio alimentar.

Outro ponto importante, que deve receber muita atenção na Fase do Ser, é a saúde mental. A insegurança financeira é um dos principais fatores que afetam o bem-estar psicológico do indivíduo, sendo a preocupação com o dinheiro frequentemente apontada como a principal causa de estresse entre os brasileiros. A insegurança financeira pode levar a sentimentos de ansiedade e depressão, exacerbando a solidão que muitas pessoas com mais de sessenta anos já experimentam. A chave para minimizar ou eliminar esse tipo de estresse é aplicar eficazmente o lado "economia" do Triângulo da Produtividade na Fase do Ter, quando temos energia física para trabalhar intensamente, guardar dinheiro e acumular patrimônio.

Focar a felicidade exercendo a liberdade de escolha conquistada com a ajuda do Triângulo da Produtividade também é uma maneira de afastar o estresse da vida cotidiana durante a Fase do Ser e alcançar o platô "tranquilidade e felicidade" do Triângulo da Serenidade.

A importância da atividade social no dia a dia

O senso de comunidade é essencial para garantir uma vida plena e saudável na terceira idade. À medida que envelhecemos, a solidão pode se tornar um desafio real, especialmente com a perda de amigos e a distância dos familiares. No entanto, estar inserido em uma comunidade significa ter suporte emocional, social e até prático, transformando essa fase da vida em algo muito mais leve e gratificante.

Uma rede de apoio social combate a solidão e nos dá a sensação de pertencimento. Compartilhar experiências e desafios com quem nos entende é um grande alívio e ajuda a manter o equilíbrio mental e emocional. Além disso, participar de atividades comunitárias estimula nossa mente, mantendo-nos ativos e prevenindo o declínio cognitivo.

As comunidades também promovem um envelhecimento saudável por meio de atividades físicas e sociais que incentivam hábitos benéficos para o corpo e a mente. Estar rodeado de pessoas que nos valorizam fortalece nosso senso de identidade e propósito, oferecendo um sentimento de relevância, mesmo com o passar dos anos.

O apoio prático é outro grande benefício de estar conectado a um grupo. Muitas vezes, precisamos de ajuda em tarefas diárias, e uma rede de amigos e vizinhos pode fazer toda a diferença. Mais do que isso: a comunidade nos dá a oportunidade de compartilhar nossa sabedoria, fazendo com que nos sintamos úteis e valorizados.

O senso de comunidade é, portanto, uma das chaves para envelhecer com mais dignidade, alegria e propósito, experimentando uma vida rica em conexões, apoio e oportunidades de aprendizado.

A importância do exercício físico e da musculação

A musculação na Fase do Ser é uma prática que vai muito além do simples fortalecimento físico, pois representa uma verdadeira transformação na nossa qualidade de vida. Ao longo dos anos, o corpo humano passa por diversas mudanças, e a perda de massa muscular, força e flexibilidade é uma delas. No entanto, a boa notícia é que a musculação pode ser uma aliada poderosa nesse processo de envelhecimento.

A prática regular de musculação[34] ajuda a aumentar a força muscular, o que é essencial para manter a independência nas atividades diárias, a autonomia e a confiança. Além de fortalecer os músculos, ela desempenha um papel crucial na prevenção de doenças crônicas. Estudos mostram que essa prática pode ajudar a controlar condições como diabetes, hipertensão e até mesmo osteoporose. O fortalecimento dos músculos também contribui para aumentar a densidade óssea, reduzindo o risco de fraturas e lesões. A atividade física regular libera endorfina, substância que promove o bem-estar emocional e combate sintomas de depressão e ansiedade.

Outro benefício significativo da musculação é a melhoria do equilíbrio e da coordenação motora. À medida que os músculos se fortalecem, o risco de quedas diminui substancialmente. Isso tem especial relevância para os idosos, pois quedas podem resultar em lesões graves.[35]

A prática regular de musculação não só previne doenças como também melhora a qualidade do sono e aumenta os níveis de energia. Com mais disposição, os idosos se sentem motivados a participar de atividades sociais e recreativas, o que é fundamental para manter uma vida social ativa.

A boa notícia é que, mesmo em tempo reduzido, é possível mudar o curso de nossa vida. Cada dia é uma nova oportunidade para fazer escolhas melhores e cultivar hábitos que nos levem a um futuro mais brilhante. A disciplina, embora possa parecer restritiva no início, é, na verdade, a chave para uma liberdade maior no futuro.

Ao investir tempo em saúde física na Fase do Ser (se conseguimos começar essa rotina na Fase do Ter, melhor ainda!), podemos desfrutar de uma vida mais plena, com mais energia, menos dor e maior satisfação pessoal. Portanto, nunca é tarde para começar: cada repetição é um passo a mais em direção a uma vida mais vibrante!

PARA UMA VIRADA DO TRIÂNGULO SEGURA

Na juventude, muitos de nós vivemos como se fôssemos invencíveis, ignorando conselhos sobre uma alimentação equilibrada, exercícios regulares ou a importância de cultivar relacionamentos significativos. Nós nos perdemos em prazeres momentâneos, procrastinamos em projetos importantes e deixamos passar oportunidades valiosas, acreditando que sempre haverá tempo para corrigir o curso.

Contudo, à medida que os anos passam, começamos a sentir o peso de nossas escolhas. A falta de cuidado com a saúde pode resultar em condições crônicas que limitam nossa mobilidade e independência na Virada do Triângulo. A negligência em construir relacionamentos sólidos pode nos deixar isolados quando mais precisamos de apoio. A procrastinação em perseguir objetivos pode levar a uma sensação de arrependimento.

Por isso sou tão enfático sobre o uso da Ferramenta dos Dois Triângulos, pois as escolhas que fazemos e os hábitos que cultivamos ao longo de nossa jornada têm um poder extraordinário de moldar nosso futuro. Muitas vezes, não percebemos o impacto cumulativo de nossas decisões diárias até que nos encontramos em uma etapa mais avançada da vida, olhando para trás e questionando o caminho que percorremos.

A falta de disciplina e as escolhas equivocadas podem parecer inofensivas no momento, mas seus efeitos se acumulam silenciosamente ao longo do tempo. Cada vez que optamos pelo caminho mais fácil, que negligenciamos a saúde, que adiamos sonhos ou que ignoramos oportunidades de crescimento, estamos, inadvertidamente, construindo uma fundação instável para o futuro.

A boa notícia é que, mesmo em tempo reduzido, é possível mudar o curso de nossa vida. Cada dia é uma nova oportunidade para fazer escolhas melhores e cultivar hábitos que nos levem a um futuro mais brilhante. A disciplina, embora possa parecer restritiva no início, é, na verdade, a chave para uma liberdade maior no futuro.

Ao adotar uma mentalidade de responsabilidade pessoal e cultivar a disciplina em todas as áreas da vida — seja na saúde, nos relacionamentos, na carreira ou no crescimento pessoal —, você está investindo em seu futuro. Cada pequena vitória, cada hábito positivo que você desenvolve é um tijolo na construção de uma velhice plena e satisfatória.

Lembre-se: a qualidade de sua vida na Virada do Triângulo não é determinada por um único momento grandioso, mas pela soma de milhares de pequenas decisões tomadas ao longo dos anos. Cada vez que você escolhe se levantar cedo para se exercitar, optar por uma alimentação saudável, dedicar tempo para aprender algo novo ou investir em relacionamentos significativos, você criará um futuro melhor.

O percurso da vida disciplinada e cheia de escolhas sábias pode ser desafiador, mas os frutos que você colherá na velhice serão incomparáveis. Imagine-se aos oitenta anos olhando para trás com um sorriso de satisfação, sabendo que viveu uma vida plena, que realizou seus sonhos e que deixou um legado positivo. Esse futuro está ao seu alcance, mas começa com as escolhas que você faz hoje.

Faça uma pausa agora e reflita sobre suas escolhas diárias. Onde você pode introduzir mais disciplina? Quais hábitos pode cultivar que beneficiarão seu futuro eu? Não se esqueça de que cada momento é uma oportunidade para uma nova escolha, um novo começo. O poder de moldar seu futuro está em suas mãos. Use-o sabiamente e construa uma Virada de Triângulo com segurança, propósito e alegria.

Uma história de sucesso

Eu já estava trabalhando na Maxvinil quando tive que agendar uma reunião com um senhor em Novo Hamburgo, no Rio Grande do Sul. Na época, já cansado de tantas viagens, perguntei se poderíamos agendar a reunião à tarde, para que eu pudesse ir e voltar no mesmo dia, sem precisar dormir no Rio. Ele não aceitou e disse que só poderia me encontrar pela manhã. Lembro que fiquei irritado, mas mantive o compromisso, porque era importante.

Na hora marcada, encontrei um senhor de quase oitenta anos muito calmo e simpático. Em pouco tempo, aquela minha irritação e a sensação que tinha ficado de estar lidando com uma pessoa arrogante se dissiparam completamente. Depois da reunião, perguntei a ele por que não tinha concordado com o horário da tarde e sobre tamanha inflexibilidade, que não parecia combinar com sua personalidade.

Então, ele me contou sua história. Explicou que foi gerente de RH em uma empresa por muitos anos quando a companhia quebrou. Nessa situação, os funcionários foram procurá-lo para entender o que estava acontecendo e, nas várias conversas que tiveram, decidiram se juntar e continuar trabalhando. Ele comprou a fábrica, reergueu o negócio e seguiu em frente.

Ele nunca gostou de administrar a empresa, mas exercia aquela atividade por amor às pessoas com quem trabalhava e porque estava no Triângulo da Produtividade, ou seja, precisava de dinheiro também. Depois de anos, fez a Virada do Triângulo deixando o filho à frente de tudo e com isso pôde mudar de vida. Deixou o filho administrando o negócio, vendeu a casa em que morava na cidade, comprou uma chácara, que fica numa cidade vizinha, e se mudou para lá. Ainda assim, ele ia diariamente à fábrica, honrando o compromisso assumido com as pessoas com quem trabalhava há tanto tempo. Chegava cedinho, cumprimentava todos, andava pela empresa para ver se estava tudo tranquilo, almoçava às onze horas e voltava para a chácara.

Na chácara, trabalhava em sua paixão: plantava orquídeas e cuidava delas. Tinha um orquidário lindo, diverso e grande. Ele dizia, com muita alegria, que o próximo passo seria ensinar jovens a cuidar de orquídeas, transmitindo um conhecimento adquirido ao longo de sua vida.

Essa história me fez pensar muito na Fase do Ser, pois contempla a Ferramenta dos Dois Triângulos como um todo. Na primeira metade da vida adulta, durante a Fase do Ter, o executivo aplicou o Triângulo da Produtividade, trabalhou em algo de que não gostava para conseguir economizar, construir um patrimônio e cuidar da família, além de cultivar relacionamentos significativos com as pessoas com quem trabalhava. Então, na Virada do Triângulo, ele exerceu a liberdade de escolha conquistada na fase anterior, permitindo-se fazer algo que amava durante a Fase do Ser, na segunda metade de sua vida adulta, e do seu jeito, e também repassar esse legado para outras pessoas.

Considero essa história fantástica e sempre me lembro dela como uma inspiração para a minha própria vida!

Dicas para criar hábitos e manter a disciplina

Criar novos hábitos e manter-se disciplinado é um desafio que exige compromisso, autoconhecimento e um conjunto de estratégias eficazes. Ao mesmo tempo, é algo que pode fazer toda a diferença ao longo da vida. Por isso, desenvolvi uma lista detalhada de ações para ajudar você nesse processo:

1. **Defina metas claras e específicas**: ao criar um novo hábito, tenha clareza sobre o que deseja alcançar. Por exemplo, em vez de "quero ser mais saudável", opte por "quero caminhar trinta minutos, cinco vezes por semana". Defina como vai medir o progresso. Usar métricas como tempo, frequência ou quantidade ajuda a saber se está no caminho certo.
2. **Comece pequeno**: inicie com mudanças pequenas e manejáveis. Se o objetivo é ler mais, comece com dez minutos por dia, em vez de tentar ler um livro por semana. Tentar mudar muitos hábitos de uma vez pode gerar estresse e levar ao abandono. Concentre-se em um ou dois hábitos de cada vez.
3. **Crie um plano detalhado**: encontre um ponto específico no seu dia que sirva como um lembrete para o novo hábito. Por exemplo, "depois do café da manhã, vou me exercitar por trinta minutos". Antecipe possíveis desafios e pense em soluções. Se faltar tempo para se exercitar, considere acordar trinta minutos mais cedo ou fazer exercícios em casa.
4. **Utilize técnicas de reforço positivo**: dê a si mesmo pequenas recompensas ao completar tarefas. Podem ser simples, como um episódio de sua série favorita após um treino ou uma pausa relaxante depois de estudar. Celebre suas vitórias, mesmo as pequenas, para reforçar o comportamento positivo.

5. **Monitore seu progresso**: anote suas atividades diariamente para acompanhar o desenvolvimento do hábito. Aplicativos de hábitos ou um simples caderno podem ajudar. Verifique o progresso semanal ou mensalmente. Ajuste o plano conforme necessário e reconheça o que está funcionando.
6. **Mantenha-se responsável**: compartilhe seus objetivos com amigos ou familiares. O apoio e a responsabilidade mútua ajudam a manter o compromisso. Trabalhar com alguém que também quer desenvolver um hábito pode ser uma excelente motivação.
7. **Entenda a psicologia do hábito**: os hábitos formam-se a partir de um ciclo de três partes: um gatilho (o que o inicia), a rotina (a ação em si) e a recompensa (o benefício obtido). Foque em identificar esses elementos. Utilizar técnicas como reforço positivo (recompensas) e negativo (remoção indesejada de algo) pode fortalecer o novo hábito.
8. **Crie um ambiente favorável**: identifique e elimine ou reduza os elementos que atrapalham. Se o objetivo é ler mais, deixe o celular longe ou desative notificações. Ajuste o espaço ao seu redor para facilitar o hábito. Por exemplo, deixe suas roupas de treino prontas na noite anterior.
9. **Pratique a paciência e a persistência**: estudos sugerem[36] que leva em média 21 dias para formar um novo hábito, embora o tempo varie de pessoa para pessoa. É natural ter momentos de falha. Reconheça que eles fazem parte do processo e retome o plano sem culpa.
10. **Adapte e ajuste quando necessário**: se perceber que um hábito não está se formando como esperado, reavalie o plano. Ajuste o objetivo, o método ou o tempo alocado.

Permita-se ajustar o plano sem sentir que falhou. A chave é a consistência ao longo do tempo, não a perfeição diária.

Criar e manter novos hábitos é um processo contínuo e dinâmico. Com paciência, autocompaixão e estratégias corretas, é possível alcançar mudanças positivas e duradouras.

derg
CONCLUSÃO

Neste livro, refletimos sobre como saber se comportar durante as Fases do Ter e do Ser da vida adulta é a chave para ter uma jornada consistente e feliz, com uma vida estruturada e uma carreira bem-sucedida. Construir uma carreira sólida, em que você use a vitalidade da primeira metade da vida adulta para investir na sua formação a fim de acumular conhecimento, conseguir economizar a fim de acumular patrimônio e fazer a Virada do Triângulo com segurança, é um caminho que vale muito a pena trilhar. É o que tenho feito aplicando a Ferramenta dos Dois Triângulos, que compartilhei com você.

Mas, para trilhar esse caminho, é fundamental ter disciplina, perseverança e foco. Ao longo da vida, aprendi que a base de qualquer estrutura duradoura não se forma da noite para o dia. Da mesma maneira, nossa trajetória profissional requer planejamento cuidadoso, dedicação constante e o compromisso inabalável de perseguir nossos objetivos, mesmo diante dos desafios mais duros.

A disciplina é a força invisível que nos mantém na direção certa e nos ensina a priorizar e manter o foco, mesmo quando a motivação for pouca. É por meio da disciplina que transformamos sonhos em metas concretas e alcançáveis, criando rotinas que nos aproximam, passo a passo, de nossas conquistas.

A perseverança, por sua vez, é o combustível que nos impulsiona a continuar, especialmente quando os obstáculos parecem intransponíveis. Lembre-se: cada revés é uma oportunidade disfarçada de aprendizado. A capacidade de levantar após uma queda, de ajustar o rumo e de seguir adiante é o que diferencia aqueles que alcançam o sucesso daqueles que desistem antes de verem seus esforços frutificarem.

Optar por uma construção de carreira conservadora não significa evitar riscos ou inovações, mas sim tomar decisões bem fundamentadas. É sobre planejar cada etapa com cuidado, considerar as consequências das escolhas e agir com integridade e responsabilidade. Assim como uma ponte deve suportar o peso e a pressão do tempo, nossa carreira deve ser capaz de resistir às incertezas do mercado de trabalho e às mudanças inevitáveis da vida.

Por isso a Ferramenta dos Dois Triângulos é um artifício importante para você administrar os recursos ao longo da vida adulta, a fim de que não falte nada na Fase do Ter, na Virada do Triângulo, nem na Fase do Ser. Convido você a aplicar a ferramenta não apenas em seu ambiente de trabalho, mas em todas as áreas da vida.

A Ferramenta dos Dois Triângulos guia suas ações para que você atue com pragmatismo nas Fases do Ter e do Ser. Sendo pragmático, você não terá dificuldades em cultivar a disciplina e a perseverança de que precisa, a fim de estar preparado para enfrentar qualquer desafio que surgir pelo caminho.

Durante a Fase do Ter, você deve aplicar o Triângulo da Produtividade usando sua energia física para:
» Economizar 25% de sua renda mensal na primeira metade da vida adulta (dos 20/25 aos 60/65 anos) observando a Regra dos 25%. Assim, você terá uma reserva para eventuais emergências e imprevistos. Além disso, esse valor o ajudará a se tornar mais resiliente no dia a dia estressante do trabalho. Economizando, você vai ficar mais rico a cada mês. Então, quando pensar em mudar de emprego, vai lembrar que nem sempre isso significa segurança ou estabilidade;
» Investir na sua formação a fim de acumular conhecimento. Quem tem conhecimento consegue encontrar melhores soluções para os problemas e se manter estável na carreira, pois as empresas contratam pessoas pelo conhecimento que possuem. Nesse sentido, vale lembrar, sempre, que informação não é conhecimento. Conhecimento é a teoria vivida na prática. Por isso reforço: cuidado com as redes sociais! Não entenda informação como conhecimento, pois essa confusão pode prejudicar sua vida pessoal e profissional.

Depois da Fase do Ter, acontece a Virada do Triângulo, quando entramos na segunda metade da vida adulta, a Fase do Ser. A aplicação eficiente do Triângulo da Produtividade, com a construção constante de patrimônio (ativos), é fundamental para passar pela Virada do Triângulo sem percalços.

Chegando à Fase do Ser, em paz por ter feito a Virada do Triângulo com segurança, você deve aplicar o Triângulo da Serenidade, em que vai usufruir da liberdade conquistada na fase anterior para fazer escolhas conscientes a fim de experimentar satisfação pessoal, atuando em áreas que lhe dão alegrias, e desfrutar de uma vida sem estresse, com saúde física e mental.

É o que estou vivendo neste momento. O patrimônio está constituído, os filhos estão grandes e, consequentemente, tenho mais tempo para fazer o que gosto. Nessa minha Fase do Ser, as razões que me levavam a situações de estresse praticamente sumiram, e minha saúde física e mental está em dia. Tudo isso porque tenho buscado usufruir da conquistada liberdade de escolha e tenho valorizado mais atividades que me dão prazer e alegrias, como estar em família, com amigos queridos, fortalecendo os relacionamentos saudáveis que cultivei ao longo dos anos.

Este livro é um ótimo exemplo do que eu acredito ser uma das maiores alegrias do Triângulo do Ser: compartilhar e doar conhecimento para ajudar outras pessoas, algo que me traz muita satisfação e amplia meu estado de felicidade. Ao ler este livro, você está me ajudando na minha Fase do Ser, e essa troca é muito importante para mim, pois me completa.

Atualmente, experimento a vida com serenidade, usando o relógio a meu favor, e não contra mim. A sensação de dever cumprido que senti em minha Virada do Triângulo só me fez ter certeza de que ainda tenho muito para viver. E o principal: tenho tempo de qualidade para investir nessa felicidade que é ter uma vida boa.

Você também é completamente capaz de planejar e executar uma virada como a minha com a ajuda da Ferramenta dos Dois Triângulos. Para alcançar a vida plena e consistente e a independência financeira, seja pragmático: ponha os pés no chão e comece sua jornada de trabalho árduo dando um passo de cada vez, com disciplina e perseverança. E não se esqueça de que você sempre pode contar comigo e com as minhas orações para alcançar os seus objetivos, pois tenho certeza de que você é capaz.

Para mim, esse é o caminho do sucesso! SEJA FELIZ!

FERRAMENTA DOS DOIS TRIÂNGULOS

O poder dos dois triângulos

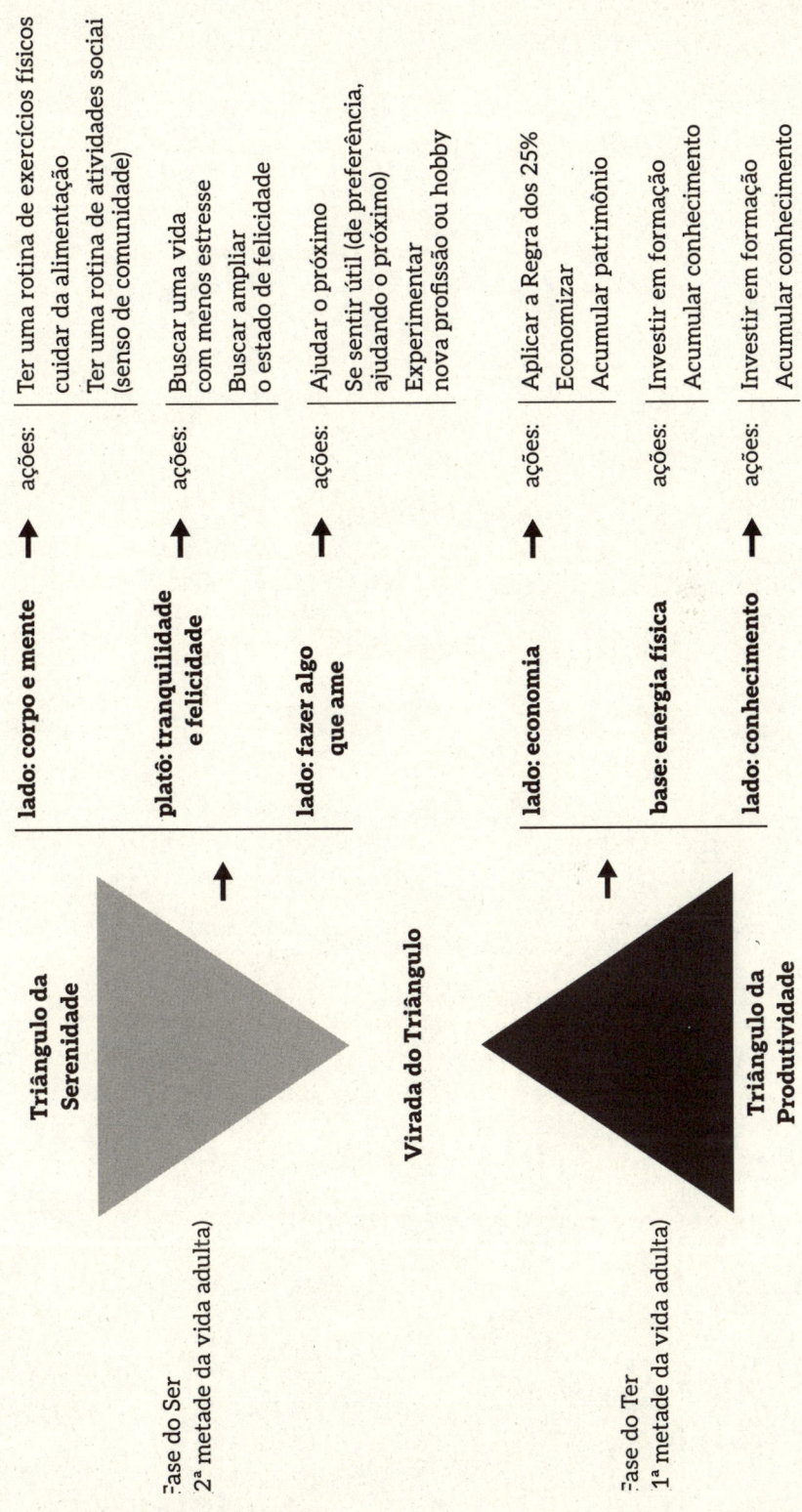

Triângulo da Serenidade
Fase do Ser
2ª metade da vida adulta

lado: corpo e mente	→ ações:	Ter uma rotina de exercícios físicos cuidar da alimentação Ter uma rotina de atividades sociai (senso de comunidade)
platô: tranquilidade e felicidade	→ ações:	Buscar uma vida com menos estresse Buscar ampliar o estado de felicidade
lado: fazer algo que ame	→ ações:	Ajudar o próximo Se sentir útil (de preferência, ajudando o próximo) Experimentar nova profissão ou hobby

Virada do Triângulo

Triângulo da Produtividade
Fase do Ter
1ª metade da vida adulta

lado: economia	→ ações:	Aplicar a Regra dos 25% Economizar Acumular patrimônio
base: energia física	→ ações:	Investir em formação Acumular conhecimento
lado: conhecimento	→ ações:	Investir em formação Acumular conhecimento

147

AGRADECIMENTOS

Agradeço de coração a todas as pessoas que trabalharam comigo nesta minha jornada. Tanto aos que gostavam de mim quanto aos que não gostavam. Obrigado pelo aprendizado, pela paciência e pelo apoio durante todo esse tempo.

Agradeço aos jovens millennials, que têm me ensinado tanto sobre a vida na perspectiva deles. Tenho amadurecido e aprendido muito com vocês.

Agradeço à Tainã Bispo, que me ajudou a organizar este livro e evoluir nele.

REFERÊNCIAS

1. LIDERANÇA Servidora: como ser um líder extraordinário. *Aspectum*, 8 set. 2022. Disponível em: https://aspectum.com.br/blog/lideranca-servidora-como-ser-um-lider-extraordinario. Acesso em: 20 jul. 2024

2. GERAÇÃO Y e Z representam 75% da força de trabalho no mundo. *Empreendedores Sociais*, jul. 2014. Disponível em: https://empreendedoressociais.com.br/blog/geracao-y-e-z-representam-75-da-forca-de-trabalho-no-mundo. Acesso em: 24 jul. 2024.

3. HISTÓRICO das alterações da moeda nacional. *IPEAData*, s/d. Disponível em: http://ipeadata.gov.br/iframe_histmoedas.aspx. Acesso em: 9 set. 2024.

4. ALVARENGA, J. E de. Década perdida (1980-1990). *InfoEscola*, s/d. Disponível em: https://www.infoescola.com/historia/decada-perdida-1980-1990/. Acesso em: 20 jul. 2024.

5. GUITARRARA, P. Inflação no Brasil. *Brasil Escola*, s/d. Disponível em: https://brasilescola.uol.com.br/historia/inflacao-no-brasil.htm. Acesso em: 22 jul. 2024.

6. LANÇADO há 20 anos, Plano Real acabou com a hiperinflação. *Câmara dos Deputados*, 1 jul. 2014. Disponível em: https://www.camara.leg.br/tv/437249-lancado-ha-20-anos-plano-real-acabou-com-a-hiperinflacao. Acesso em: 22 jul. 2024.

7. BUCKLEY, P.; BARUA, A.; VIENCHNICKI, P. A new understanding of Millennials: Generational differences reexamined. *Deloitte Insights*, 17 out. 2015. Disponível em: https://www2.deloitte.com/us/en/insights/economy/issues-by-the-numbers/understanding-millennials-generational-differences.html. Acesso em: 21 jul. 2024.

8   IDOETA, P. A. O que deu errado com os millennials, geração que foi de ambiciosa a "azarada". *BBC News Brasil*, 24 jul. 2021. Disponível em: https://www.bbc.com/portuguese/internacional-57938082. Acesso em: 19 jul. 2024.

9   JOHANSEN, I. Por que os jovens profissionais da geração Y estão infelizes. *Demografia Unicamp*, 30 out. 2013. Disponível em: https://demografiaunicamp.wordpress.com/2013/10/30/porque-os-jovens-profissionais-da-geracao-y-estao-infelizes/. Acesso em: 20 jul. 2024.

10 ESCOLA, Brasil. "Internet no Brasil"; Brasil Escola. Disponível em: https://brasilescola.uol.com.br/informatica/internet-no-brasil.htm. Acesso em: 07 de abril de 2025.

11 PEREIRA, V. Entenda o que é "job hopping" e por que jovens aderem mais ao movimento. *Folha de S. Paulo*, 30 out. 2022. Disponível em: https://www1.folha.uol.com.br/sobretudo/carreiras/2022/10/entenda-o-que-e-job-hopping-e-por-que-jovens-aderem-mais-ao-movimento.shtml. Acesso em: 18 jul. 2024.

12 ADKINS, A. Millennials: The Job-Hopping Generation. *Gallup*, s/d. Disponível em: https://www.gallup.com/workplace/231587/millennials-job-hopping-generation.aspx. Acesso em: 21 jul. 2024.

13 LIMA, L. Por que 74% dos líderes acha a Geração Z a mais "desafiadora" de se trabalhar. *Exame*, 30 abr. 2023. Disponível em: https://exame.com/carreira/por-que-74-dos-lideres-acham-a-geracao-z-a-mais-desafiadora-de-se-trabalhar/. Acesso em: 11 ago. 2024.

14 PARKS, K. Nearly half of young adults say they are "obsessed" with being rich, and financial consequences may ensue. *FOX Business*, 25 jan. 2024. Disponível em: https://

www.foxbusiness.com/media/nearly-half-young-adults-obsessed-being-rich-financial-consequences-ensue. Acesso em: 18 jul. 2024.

15 LOWRY, E. Você sofre com "dismorfia financeira"? Se você tem menos de 42 anos, a chance é maior. Veja os sinais. *O Globo*, 10 fev. 2024. Disponível em: https://bit.ly/41anuYU. Acesso em: 26 jul. 2024.

16 ALMEIDA, F. de. Frustração millennial: por que essa geração mirou no sucesso e acertou no burnout. *Forbes*, 8 abr. 2024. Disponível em: https://forbes.com.br/carreira/2024/04/frustracao-millennial-por-que-essa-geracao-mirou-no-sucesso-e-acertou-no-burnout/. Acesso em: 20 jul. 2024.

17 BEATON, C. 8 hábitos que deixam os millennials estressados. *Forbes*, 28 nov. 2018. Disponível em: https://forbes.com.br/colunas/2018/11/8-habitos-que-deixam-os-millennials-estressados/. Acesso em: 24 jul. 2024.

18 [IEPS] Instituto de Estudos para Políticas de Saúde. Depressão entre jovens de 18 a 24 anos aumentou para 11,1% em 2019, segundo pesquisador do IEPS. *Instituto de Estudos para Políticas em Saúde*, 10 jul. 2022. Disponível em: https://ieps.org.br/depressao-entre-jovens-de-18-e--24-aumentou-para-111-em-2019-segundo-pesquisador--do-ieps/. Acesso em: 9 ago. 2024.

19 CUPANI, G. Jovens da geração Z têm sintomas de depressão mais cedo que millennials. *VivaBem UOL*, 19 set. 2023. Disponível em: https://www.uol.com.br/vivabem/noticias/redacao/2023/09/19/jovens-da-geracao-z-tem--sintomas-de-depressao-mais-cedo-do-que-millenials.htm. Acesso em: 9 ago. 2024.

20 MOURA, B de F. Número de suicídios cresce no Brasil. *VivaBem UOL*, 30 jul. 2023. Disponível em: https://www.uol.com.br/vivabem/noticias/redacao/2023/07/30/numero-de-suicidios-cresce-no-brasil.htm. Acesso em: 9 ago. 2024.

21 GANDRA, A. Fiocruz alerta para aumento da taxa de suicídio entre criança e jovem. *Agência Brasil*, 4 fev. 2024. Disponível em: https://agenciabrasil.ebc.com.br/saude/noticia/2024-02/fiocruz-alerta-para-aumento-da-taxa-de-suicidio-entre-crianca-e-jovem. Acesso em: 9 ago. 2024.

22 CAPOMACCIO, S. Expectativa de vida do brasileiro cai após pandemia, segundo IBGE. *Jornal da USP*, 15 fev. 2024. Disponível em: https://jornal.usp.br/?p=720960. Acesso em: 22 jul. 2024.

23 COSTA, G. Brasileiros centenários: envelhecimento acelerado desafia o país. *Agência Brasil*, 28 nov. 2023. Disponível em: https://agenciabrasil.ebc.com.br/geral/noticia/2023-11/brasileiros-centenarios-envelhecimento-acelerado-desafia-o-pais. Acesso em: 22 jul. 2024.

24 CAMPOS, A. C. Endividamento aumenta entre famílias em março. *Agência Brasil*, 4 abr. 2024. Disponível em: https://agenciabrasil.ebc.com.br/economia/noticia/2024-04/endividamento-aumenta-entre-familias-em-marco. Acesso em: 23 jul. 2024.

25 JUROS altos aumentam número de endividados; entenda. *CNN Brasil*, 9 mar. 2023. Disponível em: https://www.cnnbrasil.com.br/economia/financas/juros-altos-aumentam-numero-de-endividados-entenda/. Acesso em: 23 jul. 2024.

26 NIERO, J. Brasileiro quer planejar finanças, mas tem dificuldade em fazer o dinheiro sobrar, apronta pesquisa. *InfoMoney*, 26 out. 2023. Disponível em: https://www.infomoney.com.br/minhas-financas/brasileiro-quer-planejar-financas-mas-tem-dificuldade-em-fazer-o-dinheiro-sobrar-aponta-pesquisa/. Acesso em: 23 jul. 2024.

27 ROCHA, D. Por que metade dos brasileiros não consegue se planejar para o futuro. *E-Investidor*, 19 jan. 2022. Disponível em: https://einvestidor.estadao.com.br/educacao-financeira/brasileiros-planejamento-financeiro-pesquisa/. Acesso em: 23 jul. 2024.

28 SANTOS, G. Quase 7 em cada 10 brasileiros não têm reserva financeira, aponta Datafolha. *InfoMoney*, 12 dez. 2023. Disponível em: https://www.infomoney.com.br/minhas-financas/quase-7-em-cada-10-brasileiros-nao-tem-reserva-financeira-aponta-datafolha/. Acesso em: 23 jul. 2024.

29 BRAGA, J. K. Diferença entre informação e conhecimento. *Associação Brasileira de Startups*, [s.d.]. Disponível em: https://abstartups.com.br/diferenca-entre-informacao-e-conhecimento/. Acesso em: 20 ago. 2024.

30 MELLO, P. C. Informação não é conhecimento, e IA é a tecnologia mais poderosa da história, diz Yuval Harari. *Folha de S. Paulo*, 3 set. 2024. Disponível em: https://www1.folha.uol.com.br/mundo/2024/09/informacao-nao-e-conhecimento-e-ia-e-a-tecnologia-mais-poderosa-da-historia-diz-yuval-harari.shtml. Acesso em: 3 set. 2024.

31 LIMA, A. G. O. Sustentabilidade, inclusão e consciência social: as apostas da geração Z na hora de empreender. *Pequenas Empresas & Grandes Negócios*, 19 set. 2023. Disponível em: https://revistapegn.globo.com/empreen-

dedorismo/noticia/2023/09/sustentabilidade-inclusao-e-consciencia-social-as-apostas-da-geracao-z-na-hora-de-empreender.ghtml. Acesso em: 20 ago. 2024.

32   FILETO, A. O alarmante endividamento de idosos. *Instituto Defesa Coletiva*, s/d. Disponível em: https://defesacoletiva.org.br/site/texto-adriana-endividamento-idosos/. Acesso em: 4 set. 2024.

33   MARTINS, H. Longevos e sozinhos, muitos idosos sofrem com falta de cuidados. *Agência Brasil*, 1 jul. 2017. Disponível em: https://agenciabrasil.ebc.com.br/geral/noticia/2017-09/longevos-e-sozinhos-muitos-idosos-sofrem-com-falta-de-cuidados. Acesso em: 30 set. 2024.

34   BORGES, M. Musculação na terceira idade: benefícios, cuidados e exercícios. *Eu Atleta*, 1 out. 2021. Disponível em: https://ge.globo.com/eu-atleta/saude/noticia/musculacao-na-terceira-idade-beneficios-cuidados-e-exercicios.ghtml. Acesso em: 1 out. 2024.

35   SILLVA, G. Veja os benefícios da musculação na terceira idade. *A Gazeta*, 8 nov. 2023. Disponível em: https://www.agazeta.com.br/hz/viver-bem/veja-os-beneficios-da-musculacao-na-terceira-idade-1123. Acesso em: 1 out. 2024.

36   KUNZ, G; MEIRELES, C. Descubra quantos dias são necessários para criar um novo hábito. *Metrópoles*, 4 jan. 2024. Disponível em: https://www.metropoles.com/colunas/claudia-meireles/descubra-quantos-dias-sao-necessarios-para-criar-um-novo-habito. Acesso em: 1 out. 2024.

FONTE Aleo, Minion Pro, Myriad Pro
PAPEL Pólen Bold 90g
IMPRESSÃO Paym